# ESPÍRITU

# DE

# SABIDURÍA

# REVELANDO LA VOLUNTAD Y DESEOS DE JEHOVÁ DE LOS EJERCITOS

# CONTENIDO

# INTRODUCCION

Les saludo en el amor de Dios nuestro Creador, deseo con el corazón que este libro les llene todo su ser, ya que no es una creación personalmente mía, sino, que es una revelación total de Dios Padre y que me fue dada a través de mi Rey Jesús, Su Santo Espíritu, Su Espíritu de Sabiduría y Su Espíritu de Adoración. El contenido de este libro es la voluntad de nuestro Dios y Creador para este último tiempo que estamos viviendo, El desea que hagamos uso de esta herramienta para poder alcanzar Su imagen y semejanza, El desea que le conozcamos mejor, desea que en estos últimos tiempos estemos más cerca de Él y apreciemos mejor Su persona. Por muchos siglos hemos buscado superficialmente de Dios, pero este es el momento más oportuno para conocer más profundamente lo que hay en el corazón de nuestro Creador y poder vivir en la tierra de la manera como se vive en el cielo, llenos con la imagen y semejanza de nuestro Creador.

# CAPITULO I

## FE, OBEDIENCIA, JUSTICIA Y RECTITUD

El 30 de Junio del 2020 un día antes que terminara el mes y empezara la segunda mitad del año, me mostro Dios una visión, vi que Dios ponia una hoja verde en mi mano, luego me dijo: **"esa hoja verde en tu mano significa restauración, después de mañana inicia la segunda mitad del año y así inicia tu tercera temporada"**, y me mostro una línea dividida en 4 partes; en la primera parte, me veia en el tiempo en que todo

6

estaba bastante bien, en donde las pruebas eran pocas y algunas de mis peticiones eran respondidas; en la segunda parte, vi que era la época en la que me llego la prueba más dura de mi vida en la que tuve un accidente que casi me costó la vida y vi todo lo que pase en esa parte, dolor, angustia, rechazo, derrota, orgullo, prepotencia, autoprotección, traiciones, mentiras, insultos, distanciamientos y muchas pero muchas lagrimas, horas y horas de llanto tratando de entender ¿Por qué ami?, ¿Por qué tanto desastre en mi vida?; entonces me vi parado al final de la segunda linea, un paso para entrar en la tercera parte, fue entonces que me hablo mi Rey Jesús y dijo: **"todo este tiempo de prueba has querido tirar la toalla, te has rendido muchas veces, pero Yo te he ordenado que recojas la toalla nuevamente y que sigas adelante, haz perdido la fe, haz dejado de creer, haz hecho lo incorrecto, PERO, aun así no he dejado de estar contigo, <u>siempre Me has escuchado y has hecho lo que te he pedido que hicieras, Me has obedecido</u>, recogiste la toalla muchas veces, retomaste la fe muchas veces, escogiste volver a creer muchas veces, trataste de hacer lo correcto muchas veces porque Me obedeciste, Me creíste,**

7

hiciste lo que me agrada cuando obedeciste, por eso estas parado hoy aquí al final de la segunda parte".

Entonces me tomo de su mano y me dijo: "**por mucho tiempo estuve acostado, otro tiempo estuve sentado, por eso te dije que cuando Yo estoy quieto tu también debes estarlo, pero hoy es el tiempo en que me paro y empezamos a caminar**", y ví que entramos juntos a la tercera parte, entonces ví que sobre toda la tercera parte se formo una gran nube negra que destellaba relámpagos, muchos relámpagos anunciando una gran tormenta, y me dijo Mi Rey Jesús: "**esta nube que ves está cargada con todas tus oraciones y peticiones que hiciste durante toda tu temporada dos**", y ví que todo lo que oraba y pedía a Dios durante todo ese periodo se iba como humo que lleva el viento hacia donde estaba esta gran nube negra y la iba llenando (porque, durante toda la prueba en ese periodo, no recibí absolutamente nada de todo lo que pedí y Dios constantemente me decía que me iba a dar muchas cosas y yo pedía todo eso y aun así no lo recibía y me enojaba mucho con Dios porque no recibía lo que Dios me decía, no entendía nada de nada, pero aun así seguí creyendo que mi Dios me tenía que responder y dar lo que me estaba diciendo, y así fue por alrededor de 6 años, entonces Mi Rey Jesús me dijo: *"por cuanto seguiste creyendo, obedeciendo y haciendo lo que te pedía es que estas parado hoy aquí (en la tercera parte) ahora es que vas a recibir todo lo que me pediste, todo lo que te prometí, todo lo que deseabas, todo, todo, todo y no solo eso sino que vas a recibir siete veces más de todo eso, ¿pero porque siete veces más y no ocho o nueve veces más? Porque el siete significa perfección y no hay más que la perfección, la perfección es el límite de todo, es la sobreabundancia de todo, sabiduría, conocimiento, bondad, gozo, paz, amor, justicia, rectitud, riqueza, honra, vida, TODO!!!"*. Entonces vi y sentí esa refrescante lluvia que me empapaba y me dijo Jesús: *"durante toda esta parte vas a recibir mucho, vas a sobreabundar en todo, ahora tendrás restauración en tu matrimonio, restauración con tus hijos, con tu familia y con todos los que te rodean, ahora te vas a gozar disfrutando de todo lo que te prometí"*, vi entonces la cuarta y última parte de la línea, pero vi que estaba un humo espeso que impedía ver lo que estaba dentro de esa parte, entonces me dijo mi rey Jesús: *"no ves nada ahí porque no te permito verlo ahorita, eso lo veras* hasta que entremos ahí, a esa temporada, a esa parte, porque cosa que ojo no vio, oído no oyó, ni ha subido a corazón de hombre es lo que yo tengo preparado para tí en esa cuarta parte, es muy especial lo que Yo tengo para ti, lo que sí te diré es que ahí tendrás montañas de frutos", pero aun así no logre discernir lo que había para el futuro en mi vida.

> ¿Qué es el hombre, para que lo engrandezcas, Y para que pongas sobre él tu corazón, Y lo visites todas las mañanas, Y todos los momentos lo pruebes?
>
> Job 7:17,18

Durante nuestras vidas no logramos discernir en que temporada nos encontramos, pero ahora tenemos un ejemplo de donde nos podríamos encontrar actualmente, que necesitamos hacer, que debemos soportar, cuanto nos falta llorar, sufrir, gritar, tirar la toalla, avivar el fuego de la prueba hasta que podamos llegar donde pedimos estar y donde es la voluntad del Padre que estemos, hasta que podamos tener lo que pedimos tener, hasta que obedezcamos a Dios, hasta que ejerzamos el sacrificio de hacer lo correcto, lo justo y creamos a nuestro

Dios, a nuestro Rey Jesús, a nuestro Señor Espíritu Santo, a que creamos que es necesario sufrir un tiempo a modo que haga en nosotros personas dignas (con sabiduría, inteligencia, honrosos, justos, honestos, prudentes, etc.) para recibir tan grande abundancia de bendiciones, ya que necesitamos tener en nosotros requisitos para poder tomar posesión de lo que solo a nuestro Rey Jesús le ha sido dado y que en su eterno amor comparte todo lo que nuestro Padre Jehová le ha dado.

El rey Salomón, hijo de David rey de Israel, tuvo todo lo que nosotros pedimos a Dios y deseamos, anhelamos poseer, pero al final de sus tiempos no es feliz, no tiene gozo, no tiene paz, en fin, teniéndolo todo, entendimiento que solo Dios puede dar, teniendo toda la sabiduría y conocimiento, le hizo falta el sufrimiento para valorar el gran tesoro que solo en nuestro Señor Jesucristo podemos disfrutar de verdad!!!.

> Y se enojó Jehová contra Salomón, por cuanto su corazón se había apartado de Jehová Dios de Israel, que se le había aparecido dos veces, y le había mandado acerca de esto, que no siguiese a dioses ajenos; mas él no guardó lo que le mandó Jehová.
>
> 1 Reyes 11:9,10

Necesitamos pasar por el fuego para valorar y recibir todo de nuestro Señor Jesucristo aquí y eternamente.

Desde el minuto uno del primero del mes de Julio 2020, Dios empezó a restaurar mi vida entera y por primera vez después de seis años todo empezó a tener mucho sentido para mí.

Gracias Mi Rey Jesús por tanto que haces por mí, ahora a partir de este instante puedo ver un horizonte totalmente diferente al que vi por muchos años, ahora disfruto de cada día sabiendo que caminamos juntos y que El tiene el control de mi vida!!!.

> Bendito sea Dios, Que no echó de sí mi oración, ni de mí su misericordia.
>
> Salmos 66:20

# CAPITULO II

# LA PAZ DE DIOS

Y la paz de Dios, que sobrepasa todo entendimiento, guardará vuestros corazones y vuestros pensamientos en Cristo Jesús.

Filipenses 4:7

Mi rey Jesús me dijo lo siguiente: *"Tienes que ser como un niño para tener la paz de Dios, si tu hijo te pide pizza, el no ve si tú tienes o no en tus bolsillos, no se preocupa si su padre tiene dinero, el pide con confianza a su padre porque él quiere comer pizza, solo dice papi cómprame pizza, quien se debe de preocupar si hay o no es su papá, el niño solo quiere disfrutar su pizza y gozarse."*; *"si quieres tener paz debes de pedirle a tu Padre Celestial, no viendo si El tiene o no tiene, debes de pedirle sabiendo que vas a disfrutar de todo lo que estas pidiendo."*

*Jesús me dijo durante dos días que buscara en internet un auto que me gustara, yo lo busque sin saber porque, pero, al tercer día me dijo:* **"que no te importe cuanto sea el valor"**, *los dos días anteriores estuve buscando uno que se ajustara a mi confianza en Jesús ($5,000) y ví muchos pero ninguno llenaba mis expectativas por el precio o por como lucian, entonces me dijo:* **"¿Cómo quieres que sea tu primer vehículo?"**, *Yo dije que quería uno que fuese grande para que todos fuésemos cómodos, y me dijo* **"¿porque no mejor un pick up doble cabina?** *Y le respondi que eran muy caros, sin tener siquiera un* centavo, y me dijo *"busca uno que te guste como se vea y que te mires conduciéndolo y disfrutándolo"*, y así lo hice, busque un pickup doble cabina y me voy encontrando con uno año 2020 de color rojo, bien equipado, full, full, de lujo, y le dije, ¡este me gusta!, valía $30,000, y me dijo Jesús: *"si te sientes bien viéndolo y te sientes bien pensando en que lo estas disfrutando entonces ese es, si me lo pides pensando cuánto vale, no lo recibirás, pídelo como si tu hijo te pidiera pizza, no pensando cuánto vale, sino, pensando cuanto lo vas a disfrutar, esa es la paz que sobrepasa el entendimiento, la que da gozo y no se acaba, todo lo que es natural se acaba, la comida, el tiempo, la belleza, el trabajo, todo, pero si pides lo natural en lo sobrenatural, que es la paz, entonces lo natural será duradero, es como un círculo que vuelve, vuelve y vuelve"*.

La paz de Dios hace que gocemos todas las cosas constantemente.

> Porque yo sé los pensamientos que tengo acerca de vosotros, dice Jehová, pensamientos de paz, y no de mal, para daros el fin que esperáis.
>
> Jeremías 29:11

Me dijo Jesús: "¿confías en Mí?, yo le respondí que sí, entonces me dijo: "No", si te preocupas porque tienes que ir al súper y piensas que lo que tienes en tus bolsillos no te alcanza, entonces no tienes paz porque no estás confiando en Mí, sino, en lo que tienes para ir al súper. De ahora en adelante, mira siempre lo mejor, no viendo solo para lo que te alcanza, compra lo mejor, busca lo mejor, disfruta lo mejor, conquista lo mejor, pidiendo a tu Padre Celestial lo mejor, lo que quieres disfrutar en Él, no importando cuanto cueste, no importando si es inalcanzable, deja que tu Creador se preocupe de donde va a sacar el dinero para darle a Su hijo lo que le está pidiendo, tu disfruta de lo que le pides a tu Padre Celestial; No me digas, Señor Padre mío, este año dame esto o lo otro, no pongas tiempo, que es natural, a lo sobrenatural que es tu confianza en Dios, que es tu paz en Dios, porque el niño no pide algo a su padre para la otra semana o para finales de año, el niño pide para ¡ahora!; No me digas, Señor Padre mío, de estas tres cosas que te he pedido, respóndeme una la que tu prefieras, porque tu hijo cuando le das a escoger tres cosas de las que más le gustan, el escoge las tres ¿verdad?; entonces pídeme con confianza

*como un niño que pide a su padre, sin poner tiempo,
ni elegir uno entre varios, porque el niño solo piensa
en que va a disfrutar lo que está pidiendo".*

*Leemos y nos dicen muchas veces que aprendamos de
los ancianos porque en ellos hay sabiduría, ¡SI!, pero
si queremos paz de Dios aprendamos de los niños,
porque ellos van delante de nosotros al reino de los
cielos.*

---

*Pero Jesús dijo: Dejad a los niños venir a mí, y no se
lo impidáis; porque de los tales es el reino de los
cielos.*
**S. Mateo 19:14**

---

*La paz es la confianza en el descanso en Dios, la paz
cubre todo lo que sucede en la fase 3 de la que
hablamos en el capítulo anterior.*
*Por mucho tiempo escuche predicaciones acerca de
la paz de Dios y de cómo tenerla, pero hasta hoy Mi
Rey Jesús me dijo que tenemos que ser como niños
para tener esa paz tan anhelada.*

> *Y el Dios de esperanza os llene de todo gozo y paz en el creer, para que abundéis en esperanza por el poder del Espíritu Santo.*
> **Romanos 15:13**

*Vamos a tener paz a pesar de las fuerzas externas que nos dicen que no podemos o que no tenemos, porque nosotros vivimos y existimos para nuestro Padre y Creador.*

# CAPÍTULO III

## EL GOZO DE DIOS

E libro de Proverbios nos habla muchísimo de la Sabiduría de Dios y que obtenemos a raíz de esa Sabiduría tan especial.

Mi Rey Jesús me habló y me dijo: "Ahora te voy a enseñar acerca del gozo, para tener este gozo que es el más grande que puede existir depende de la sabiduría. Hay dos tipos de sabiduría, una que es humana y la otra que es Mía; la sabiduría humana se adquiere a través de escritos como libros, internet, etc., y se usa para ejercer dominio sobre algo, y ese algo puede ser el trabajo, esa sabiduría se usa para trabajar en una empresa, en la cual se tiene que presentar la persona en todo tiempo y por el esfuerzo en su trabajo se obtiene un beneficio el cual es su pago monetario el cual le da "felicidad", pero la felicidad que es natural, es limitada y se acaba rápidamente, y necesita volver a trabajar para disfrutar nuevamente. Pero la sabiduría que viene de mi es sobrenatural, es eterna, esta sabiduría hace que todo lo que te rodea trabaje para ti, hace que la empresa trabaje para ti y no al revés como en la sabiduría natural que te hace que trabajes para la empresa, entonces la sabiduría de Dios hace que todo lo que te rodea trabaje para ti y así obtener beneficios permanentes y eternos."

> Y ni mi palabra ni mi predicación fue con palabras persuasivas de humana sabiduría, sino con demostración del Espíritu y de poder.
> 1 Corintios 2:4

"Ahora bien si la sabiduría de Dios da este enorme gozo que produce tener todo tipo de beneficios, ¿Por qué el rey Salomón perdió este gozo?, ¿Por qué Salomón teniendo Mi sabiduría no disfruto de tan grande gozo que es eterno?, con el senté un precedente para las futuras generaciones, el no pidió riquezas porque era el hijo del rey y con su padre muerto el trono es de él, por lo tanto tenía riquezas y todo lo que quisiera, entonces pidió sabiduría y esta le fue dada, sabiduría de Dios. Salomón no la valoró, no la cuidó, no la honró, ¿Por qué la perdió?, porque no le costó, porque no hubo en él un sacrificio para obtenerla, porque lo que no cuesta no se valora y no perdura. En la parábola del hijo prodigo encontramos que al hijo menor no le costó la riqueza de su padre y la desperdició, Abraham en cambio tuvo que pagar el sacrificio para poder obtener el gozo de ser padre de la fe, Moisés tuvo que pagar el sacrificio para poder ser manso y humilde de corazón, José tuvo que pagar el sacrificio para tener el gozo de la gracia de Dios, Daniel tuvo que pagar el sacrificio para tener el gozo de la autoridad de Dios, David padre de Salomón tuvo que sufrir para tener el gozo de la pasión de Dios. Sacrificio = Sufrimiento, sin sufrimiento no hay victoria por lo tanto no habría gozo, porque si no, no se valora ese gozo".

Entonces, cuando sufrimos tomamos de Dios el gozo en: la paternidad, la fe, la humildad, la

21

mansedumbre, la gracia, la autoridad, la pasión, etc. Cuando en el sufrimiento tomamos de Dios todos estos atributos que le pertenecen a Dios, estos atributos producen en el ser humano un nivel de gozo, pero Dios quiere que en este tiempo, en esta era, en los últimos tiempos que estamos viviendo, quiere que tengamos el gozo más grande que puede existir.

> Alegre es el que encuentra sabiduría, el que adquiere entendimiento. Pues la sabiduría da más ganancia que la plata y su paga es mejor que el oro. La sabiduría es más preciosa que los rubíes; nada de lo que desees puede compararse con ella. Con la mano derecha, te ofrece una larga vida; con la izquierda, riquezas y honor. Te guiará por sendas agradables, todos sus caminos dan satisfacción. La sabiduría es un árbol de vida a los que la abrazan; felices son los que se aferran a ella.
> **Proverbios 3:13-18**

El gozo que produce la sabiduría no tiene comparación, por lo tanto es el gozo más grande que podamos anhelar tener, ese gozo es el que quiere Dios que tengamos en este tiempo, hubieron muchos sacrificios a través de los siglos y la palabra de Dios nos relata cada uno de ellos pero este es el tiempo en que debemos escoger el sacrificio, el sufrimiento de tomar la sabiduría de Dios; el sufrimiento de nuestro Rey Jesús fue tan impactante y único, no hay otro, solo Él pudo hacer ese sacrificio, solo a Él le fue encomendado, y lo hizo para tomar de Dios Padre Jehová la salvación y compartirla con nosotros.

No es decisión fácil escoger que Dios nos meta en sufrimiento, nos ponga en prueba, pero es necesario vivirla para que la sabiduría de Dios nos de ese gozo tan grande, y tan grande que es eterno.

> El temor del Señor es la base de la sabiduría. Conocer al Santo da por resultado el buen juicio.
> **Proverbios 9:10 NTV**

Temor, ¿Cómo le vamos a temer a un toro, sino lo vemos cara a cara?, ¿Cómo le vamos a temer a un perro rabioso, sino lo vemos de frente?, ¿Cómo le vamos a temer a las alturas, sino nos encontramos en un avión listos para saltar de ahí?, nos es necesario que nos sacrifiquemos, nos es necesario sufrir, para poder ver a Dios, es decir, tener de cerca a Dios, ya que cuando nos encontramos en sufrimiento buscamos orar mas, leer mas la palabra y adorar mas, debemos temerle porque Él es poder, porque Él es fuego, porque Él es Jehová de los ejércitos, porque Suyo es todo, Suya es la autoridad, nada hay fuera de Él.

Todos necesitamos acercarnos a Dios a través del sacrificio, entonces Él nos buscará, se acercara a nosotros y nos dará su preciosa sabiduría, que solo es Suya, para que tengamos el gozo supremo y eterno.

---

En su bondad, Dios los llamó a ustedes a que participen de su gloria eterna por medio de Cristo Jesús. Entonces, después de que hayan sufrido un poco de tiempo, él los restaurará, los sostendrá, los fortalecerá y los afirmará sobre un fundamento sólido.
1 Pedro 5:10 (NTV)

---

# CAPÍTULO IV

# LOS FRUTOS DEL GOZO SUPREMO

## ➤ LO NOVEDOSO

> El vino nuevo debe guardarse en cueros nuevos.
>
> Lucas 5:38 NTV

*C*uando recibimos el gozo que da la sabiduría de Dios, el primer fruto que este gozo nos da es lo novedoso. Esto quiere decir que este gozo saca todo lo viejo en nuestras mentes y corazones y pone todo lo nuevo, nos actualiza con Dios, nos pone al día con nuestro Dios y con Sus planes para nosotros.

Me dijo mi Rey Jesús: "lo novedoso es la vanguardia, es lo más nuevo, es la tecnología y así como se aplica en lo material también lo es en lo espiritual; recibimos palabra fresca, unción fresca, pasión fresca, humildad fresca, mansedumbre fresca, sanidad fresca. Muchas personas tardan en sanarse porque me dicen: Señor sáname así como <u>sanó</u> a aquella persona; pero ese <u>sanó</u> es en tiempo pasado y lo que necesitan es sanidad nueva, la sanidad de hace diez años no sana la enfermedad de hoy, la sanidad de hace 50 años no sana el cáncer de hoy, porque todo ha cambiado, la sanidad de hace 100 años no sana el virus de la gripe de hoy, porque todo ha cambiado; ¿dime cual es la enfermedad mas nueva que hay?", y le dije, el coronavirus o covid-19, y me respondió: "exacto, hasta las enfermedades se actualizan, pero a los seres humanos les gusta vivir en el pasado; te puse a buscar un carro y ¿qué fue lo que buscaste?, un carro de hace 10 y 15 años, cuando lo que quiero para ti es un carro novedoso, uno del año actual 2020 y así también te doy tu casa una 2020.

Cuando busques algo, busca lo novedoso y aplica en la familia también, ahora te entrego una nueva esposa y unos nuevos hijos, pero no es que te voy a quitar los que tienes, sino es que los transformo y los actualizo para que estén alineados con el fruto de lo novedoso que te da el gozo de la sabiduría".

> Pues todo el que me encuentra, halla la vida y recibe el favor del Señor.
> **Proverbios 8:35 NTV**

Estaba viendo mis redes sociales, cuando pasé por una página que vende electrodomésticos y había publicado televisores y me dijo mi Rey Jesús: "**¿Cuál de esos te gusta?**", y empecé a ver los más grandes y bonitos y vi dos que me llamaron la atención pero no eran iguales ya que uno tenía la última tecnología y el otro tenía un poquito menos, entonces me dijo mi Rey Jesús: "**siempre escoge lo más novedoso**".

La palabra de nuestro Dios dice:

> 'Grande es su fidelidad; _sus misericordias son nuevas cada mañana._'
> **Lamentaciones 3:23**
>
> _El camino de los justos es como la primera luz del amanecer, que brilla cada vez más hasta que el día alcanza todo su esplendor._
> **Proverbios 4:18 NTV**
>
> _Entónenle un cántico nuevo de alabanza; toquen el arpa con destreza y canten con alegría._
> **Salmos 33:3 NTV**

A Dios le gusta lo nuevo, lo más nuevo, lo más novedoso, es por eso que también debemos darle lo más novedoso de nuestra adoración, lo más novedoso de nuestro servicio a Dios; a través de este fruto que es lo novedoso, Dios nos dota de una herramienta poderosa para dar a Dios y también para recibir de Él lo más novedoso de todo.

A partir de este punto debemos de tener la conciencia de ver y buscar siempre lo más nuevo, tanto en lo natural y aun más en lo sobrenatural.

> De modo que si alguno está en Cristo, nueva criatura es; las cosas viejas pasaron; he aquí todas son hechas nuevas.
> **2 Corintios 5:17 RVR1960**

# ➤ LA PROVISION

---

**Génesis 45:21 (NTV)**
Así que los hijos de Jacob hicieron lo que se les dijo.
José les proporcionó carros, tal como el faraón había
ordenado, y les dio provisiones para el viaje.

---

En la parte anterior vimos que lo novedoso es
el conocimiento de lo que debemos tener y de
lo que debemos hacer; si lo que se _desea_ tener
o hacer encaja con lo que se _debe_ tener o hacer, sería
perfecto, pero son dos cosas muy diferentes, porque
ahora lo que _necesitamos_ tener es lo que _debemos_
tener y eso es lo más novedoso.

Ahora bien lo novedoso es el _conocimiento_ de lo que
debemos tener, pero en esta etapa de la provisión es
la _materialización_ de lo novedoso.

---

**Filipenses 4:19 NTV**
Y este mismo Dios quien me cuida suplirá todo lo que
necesiten, de las gloriosas riquezas que nos ha dado
por medio de Cristo Jesús.

Cuando tenemos claro lo nuevo que Dios desea para nosotros, debemos declarar en el nombre de Jesús que se haga realidad ya que la autoridad de Jesús que habita en nosotros, la fuente que es Cristo, que habita en nosotros, de Él saldrá el poder, de Él saldrá la riqueza para abastecernos de todo lo nuevo, tanto de lo que no podemos comprar que es sobrenatural como el discernimiento, entendimiento, amor, bondad, etc., como también lo que se puede comprar que es lo natural, como autos, casas, libros, comida, ropa, zapatos, etc.

---

**Juan 14:13 NTV**

Pueden pedir cualquier cosa en mi nombre, y yo la haré, para que el Hijo le dé gloria al Padre.

---

Aquí se materializa absolutamente todo, ya que Dios es quien en su riqueza suple sobrenaturalmente todo lo novedoso que estamos necesitando como hijos aprobados por nuestro Rey Jesús para estar al día, a la vanguardia del tiempo que estamos viviendo.

# ➤ *LA TRANQUILIDAD*

*L*a tranquilidad es el reposo que recibimos automáticamente al ver hecho realidad lo que Dios desea que tengamos, es decir, lo más nuevo, ese respiro profundo que damos cuando vemos cumplida una oración o petición que hayamos hecho.

En mi caso ese reposo o tranquilidad llega cuando mi Rey Jesús cumple, materializa, lo que me ha mostrado en visión, lo que me ha hablado en nuestras conversaciones, lo que me ha prometido, en ese instante comienza el reposo, la tranquilidad, que es sinónimo de bienestar, es decir, dejo de esperar lo que ya sabía que Dios me daría, lo que estaba esperando porque así me lo había prometido mi Rey Jesús.

Entonces el estado de ánimo que es la tranquilidad se deja ver como por ejemplo: cuando los niños reciben un juguete nuevo, les dan un sorbete para que lo disfruten; así también Dios nos compara con los niños, nos da un estado de ánimo, reposo, tranquilidad cuando nos abastece de algo nuevo que El en su sola potestad desea darnos ya que hemos accesado al espacio del gozo que encontramos en la sabiduría de Dios.

> *Job 3:26 (NTV)*
> *No tengo paz ni tranquilidad; no tengo descanso; solo me vienen dificultades».*

Hay que saber que paz y tranquilidad son dos conceptos diferentes, tal vez no naturalmente pero si espiritualmente; La tranquilidad es un estado de ánimo natural que dura poco tiempo, la paz de Dios es sobrenatural y se mantiene todo el tiempo en que vivimos para Jesús; para Dios, la paz es para que estemos fuertes internamente y que las fuerzas negativas externas no nos ocasionen daño, Dios es quien nos mantiene fuertes, llenos de paz, y así recibir muchos espacios de tranquilidad en nuestras vidas.

> *Filipenses 4:7 (NTV)*
> *Así experimentarán la paz de Dios, que supera todo lo que podemos entender. La paz de Dios cuidará su corazón y su mente mientras vivan en Cristo Jesús.*

Jesús nos estaba prometiendo Su paz para hacernos fuertes internamente, así como ya vimos en el capítulo 2.

Mi Rey Jesús antes de partir dijo:

---

**S. Juan 14:27 (RVR1960)**
La paz os dejo, mi paz os doy; yo no os la doy como el mundo la da. No se turbe vuestro corazón, ni tenga miedo.

---

La paz de Dios cubre la sabiduría, el gozo, lo novedoso, la provisión y la tranquilidad.

---

**Isaías 32:17 (NTV)**
Y esta rectitud traerá la paz, es cierto, traerá tranquilidad y confianza para siempre.

**Génesis 41:16 (NTV)**
—No está en mis manos el poder para hacerlo —respondió José—, pero Dios puede decirle lo que su sueño significa y darle tranquilidad.

**1 Crónicas 22:9 (NTV)**
Pero tendrás un hijo que será un hombre de paz. Le daré paz con sus enemigos de todas las tierras vecinas. Su nombre será Salomón y, durante su reinado, yo le daré a Israel paz y tranquilidad.

---

# CAPITULO V

## ESPÍRITU DE SABIDURÍA

Mientras oraba una tarde, mi Rey Jesús me hablo y me dijo lo siguiente: **"hijo mio ahora te voy a presentar a una persona muy especial, y esa persona es el Espíritu de Sabiduría, ella te va a guiar de ahora en adelante durante toda tu vida"**, entonces vi un gran resplandor rosado que me ilumino y oi una voz de mujer súper agradable, con un tono de voz de autoridad y también de amabilidad, y me dijo: <u>"Jonás hijo del Dios viviente, has estado tocando insistentemente las puertas de mi casa, has venido a</u>

*buscarme muchas veces y desde dentro de mi casa te dije lo que tenias que haber hecho, luego te quedaste a habitar fuera de mi casa, y ya no te fuiste y desde dentro de mi morada te he estado aconsejando, por cuanto me buscaste muchas veces para conocer mis consejos, por cuanto hoy habitas fuera de mi morada para no perderte ni una sola de mis palabras, ahora saldré de mi morada para que hablemos cara a cara y me conozcas, y aun mas te hare conocer todo lo oculto en el cielo y en la tierra, Yo soy el Espíritu de Sabiduría y es un enorme gusto poder tenerte cara a cara, nos llevaremos muy bien, haremos un gran equipo para que nuestro Creador sea exaltado en todo lo que hagamos".* Yo estaba sorprendido totalmente por lo que estaba escuchando y viendo, ya que veía una persona dentro de ese gran resplandor rosado que se estaba presentando con migo y me dijo lo que había acontecido y del porque se estaba presentando con migo. Yo pensé en ese momento ¿cómo es que la sabiduría de Dios era un espíritu? Y me respondió: *"¿cuántas veces leiste los proverbios de Salomón y no vistes que yo fui creada por el Dios viviente para ayudarle en el principio de la creación?, yo estuve ahí con todo mi conocimiento para dar el diseño de todo lo que había de ser.*

---

**Proverbios 8:22-31 NTV**

22»El Señor me formó desde el comienzo, antes de crear cualquier otra cosa. 23Fui nombrada desde la eternidad, en el principio mismo, antes de que existiera la tierra. 24Nací antes de que los océanos fueran creados, antes de que brotara agua de los manantiales. 25Antes de que se formaran las montañas, antes que las colinas, yo nací, 26antes de que el Señor hiciera la tierra y los campos y los primeros puñados de tierra. 27Estaba presente cuando él estableció los cielos, cuando trazó el horizonte sobre los océanos. 28Estaba ahí cuando colocó las nubes arriba, cuando estableció los manantiales en lo profundo de la tierra. 29Estaba ahí cuando puso límites a los mares, para que no se extendieran más allá de sus márgenes. Y también cuando demarcó los cimientos de la tierra, 30era la arquitecta a su lado. Yo era su constante deleite, y me alegraba siempre en su presencia. 31¡Qué feliz me puse con el mundo que él creó; cuánto me alegré con la familia humana!

---

_"Cuando meditabas en la palabra del Creador, gritabas fuera de mi casa por consejos y yo te los daba desde adentro, cuando decidiste conocer más a tu creador y saber todo acerca de Él, entonces te quedaste fuera de mi morada y habitaste allí mucho tiempo y desde dentro yo te daba mis conocimientos, pero ahora El Creador me ha autorizado a salir de mi morada y presentarme delante de ti, para guiarte, darte conocimiento, aconsejarte y hacerte entender todo lo que acontece en lo visible y lo invisible a los ojos humanos. Yo estuve con Salomón rey de Israel y le enseñe todo acerca de lo que lo rodeaba, del cielo y la tierra, de lo oculto y de lo visible, y desde entonces no he estado cara a cara con nadie más, hasta hoy, para enseñarte todo acerca del Dios viviente, de Su Hijo y de Su Espíritu Santo, en mi esta todo el conocimiento del Dios viviente, yo lo conozco perfectamente porque yo soy Su conocimiento, ahora vas a conocer a tu Creador!!!"._

> **Proverbios 8:32-36 NTV**
>
> 32»Y ahora, hijos míos, escúchenme, pues todos los que siguen mis caminos son felices. 33Escuchen mi instrucción y sean sabios; no la pasen por alto. 34¡Alegres son los que me escuchan, y están atentos a mis puertas día tras día, y me esperan afuera de mi casa! 35Pues todo el que me encuentra, halla la vida y recibe el favor del Señor. 36Pero el que no me encuentra se perjudica a sí mismo. Todos los que me odian aman la muerte».

<u>"Yo estoy en persona hoy delante de ti para que conozcas al Señor Dios Todo Poderoso, para revelarte lo que Él desea en Su corazón para el nuevo tiempo que está por comenzar y guiarte en este tiempo para que agrades en todo al Dios Viviente."</u>

¡!!Wow!!!Todo desde entonces ha cambiado totalmente, mi forma de ver los acontecimientos, la forma de entenderlos, la forma de enfrentarlos, ahora cada vez que medito en la palabra de Dios ya no ando sobre la superficie de la palabra sino que me adentra a lo profundo de cada verso y permanezco ahí por mucho tiempo disfrutando de tanto conocimiento de siglos enteros y desde la creación misma, es un deleite y privilegio constante para mí poder estar sumergido en La Sabiduría de Dios.

---

**Proverbios 8:12-21 NTV**

12»Yo, la Sabiduría, convivo con el buen juicio. Sé dónde encontrar conocimiento y discernimiento. 13Todos los que temen al Señor odiarán la maldad. Por eso odio el orgullo y la arrogancia, la corrupción y el lenguaje perverso. 14El sentido común y el éxito me pertenecen. La fuerza y la inteligencia son mías. 15Gracias a mí reinan los reyes y los gobernantes dictan decretos justos. 16Los mandatarios gobiernan con mi ayuda y los nobles emiten juicios justos. 17»Amo a todos los que me aman. Los que me buscan, me encontrarán. 18Tengo riquezas y honor, así como justicia y prosperidad duraderas. 19¡Mis dones son mejores que el oro, aun el oro más puro; mi paga es mejor que la plata refinada! 20Camino en rectitud, por senderos de justicia. 21Los que me aman heredan riquezas; llenaré sus cofres de tesoros.

# CAPITULO VI

## LOS CAMINOS DE LA SABIDURÍA

1. JUSTICIA
2. RECTITUD
3. OBEDIENCIA
4. FÉ= CONFIANZA
5. GOZO
6. PAZ
7. RIQUEZA O PROSPERIDAD

---

**Proverbios 9:1 (NTV)**
La Sabiduría edificó su casa, labró sus siete pilares.

---

*Sabiduría dice "Yo ejerzo autoridad sobre todos estos caminos, me pertenece el derecho dado por Dios Padre para dirigir al hombre en todas estos caminos para que en su nueva vida en Cristo pueda disfrutar de las bondades de Dios Padre".*

*Hay muchos creyentes que van por el camino que es Cristo, pero aunque el camino es angosto según la palabra de Dios, es lo suficientemente amplio para nosotros como para vivir plenamente en los 7 senderos, caminos o direcciones dentro del mismo camino que es Cristo Jesús.*

*S. Mateo 7:13 NTV*
*13»Solo puedes entrar en el reino de Dios a través de la puerta angosta. La carretera al infierno es amplia y la puerta es ancha para los muchos que escogen ese camino.*

*El Espíritu de Sabiduría dice: "quien me encuentra saboreará, degustará, comerá, beberá, tragará y digerirá de todas las maravillosas bendiciones del Dios Viviente dentro de la nueva vida en Cristo Jesús".*

Todo lo que encontramos en la biblia que es la palabra de Dios nuestro Padre, cualquier otra virtud, don, fruto que encontremos, está contenido en esos 7 caminos que El Espíritu de Sabiduría tiene bajo Su autoridad dada por Dios Padre.

---

**Proverbios 8:1,6-9 NTV**

1¡Escuchen cuando la Sabiduría llama! ¡Oigan cuando el entendimiento alza su voz! 6¡Escúchenme! Tengo cosas importantes que decirles. Todo lo que digo es correcto 7pues hablo la verdad y detesto toda clase de engaño. 8Mi consejo es sano; no tiene artimañas ni falsedad. 9Mis palabras son obvias para todos los que tienen entendimiento, claras para los que poseen conocimiento.

---

El Espíritu de Sabiduría me dijo: "Dad gracias a Dios padre por todo". Cuando Ella me estaba enseñando muchas cosas acerca de lo que está contenido en este libro, yo le dije, "gracias por enseñarme todo esto", entonces Ella me dijo: "ni se te ocurra volverme a dar las gracias por esto que te enseño, dad gracias al Padre, el Dios Viviente, dadle gracias a El por lo que te enseño, solo El es Digno", entonces así lo hice como me lo ordenó.

43

> **Proverbios 8:13 NTV**
> 13Todos los que temen al Señor odiarán la maldad.
> Por eso odio el orgullo y la arrogancia, la corrupción
> y el lenguaje perverso.

En todo lo que Ella nos guía y nos enseña, está en nosotros hacer lo que es correcto, porque Ella no se equivoca, Ella es La Sabiduría del Dios Viviente, Ella nos enseña lo que debemos hacer para que vivamos y disfrutemos de las bondades de Nuestro Padre Celestial.

En los caminos de La Sabiduría encontramos muchos motivos súper buenos como para decir, ¿Por qué no lo vi antes?, ¿Cómo es que no lo hice desde hace mucho más tiempo?, ¿Cómo pude haber vivido tanto tiempo sin comer de lo más maravilloso de nuestro Padre Celestial?; La verdad es que queremos seguir a Jesús, queremos vivir en Cristo y queremos hacer lo que a Él le agrada, pero en Su camino que es angosto, pero que también es lo suficientemente amplio como para poder recorrer los caminos de La Sabiduría de Dios Padre, y sin los conocimientos inmensos de Ella, nos es imposible dentro del camino de la salvación que es Cristo, poder vivir plenamente bendecidos, necesitamos de Ella para vivir plenamente en Jesús.

---

**Proverbios 8:32-35 NTV**

32»Y ahora, hijos míos, escúchenme, pues todos los que siguen mis caminos son felices. 33Escuchen mi instrucción y sean sabios; no la pasen por alto. 34¡Alegres son los que me escuchan, y están atentos a mis puertas día tras día, y me esperan afuera de mi casa! 35Pues todo el que me encuentra, halla la vida y recibe el favor del Señor.

---

# CAPÍTULO VII

## DE LAS MURALLAS HASTA EL CENTRO DE LA CIUDAD

*Mateo 26:41 NTV*
41Velen y oren para que no cedan ante la tentación, porque el espíritu está dispuesto, pero el cuerpo es débil».

*Nehemías 5:16 (NTV)*
También me dediqué a trabajar en la muralla y me negué a adquirir tierras. Además, exigí a todos mis sirvientes que dedicaran tiempo a trabajar en la muralla.

*Salmos 122:7 (NTV)*
Oh Jerusalén, que haya paz dentro de tus murallas y prosperidad en tus palacios.

Durante mi aprendizaje espiritual estaba en las murallas (espiritualmente hablando, estar en las murallas es velar y orar, es ser un vigilante, una trompeta, un vigía, viendo y alerta de todo lo que se aproxima espiritualmente) durante ese tiempo me hablo mi Rey Jesús y me dijo: "ahora bajemos de las murallas y vayamos al centro", entendí que era el centro de la ciudad donde me encontraba espiritualmente, vi que había una fuente de agua en el centro y entendí que la ciudad era mi vida, mi casa, mi familia; y Jesús me dijo: "has estado en las murallas cuidando, pero ahora quiero prepararte para los tiempos finales, para enseñarte, para formarte, para educarte, darte todo lo que necesitas para preparar a mi novia para Mi regreso, pero no te preocupes porque en lugar tuyo pondré en las murallas a ángeles y arcángeles y no habrá centímetro de esa muralla que no esté vigilado. Ahora bien te meteré en la Sinagoga, te meteré en la biblioteca, para darte todo conocimiento para tener lista mi novia, pero no estarás solo, estarás siendo guiado por Mi Espíritu de Sabiduría".

Luego El Espíritu de Sabiduría me dijo: *"te instruiré en todo conocimiento del cielo y de la tierra y en todo el poder (biblioteca), te enseñaré acerca del poder de Dios (sinagoga).*

**Proverbios 2:6 (NTV)**
¡Pues el Señor concede sabiduría! De su boca provienen el saber y el entendimiento.

**Proverbios 2:10 (NTV)**
Pues la sabiduría entrará en tu corazón, y el conocimiento te llenará de alegría.

# CAPITULO VIII

## EL ESFUERZO

> **Filipenses 3:4 NTV**
> Aunque, si alguien pudiera confiar en sus propios esfuerzos, ese sería yo. De hecho, si otros tienen razones para confiar en sus propios esfuerzos, ¡yo las tengo aún más!

Con respecto a todo lo anteriormente escrito, requiere de esfuerzo el poder estar atento, recordando, almacenando, haciendo, retroalimentando, volviendo a hacer y seguir aprendiendo.

Desde el principio de la creación, Dios Padre nos ha querido ver haciendo esfuerzos, a Adán le dio trabajo y se esforzó poniendo nombre a todo lo que creó Dios Padre, y así sucesivamente desde entonces para todas las generaciones.

---

*Josué 1:6-7,9 RVR1960*

*Esfuérzate y sé valiente; porque tú repartirás a este pueblo por heredad la tierra de la cual juré a sus padres que la daría a ellos. 7Solamente esfuérzate y sé muy valiente, para cuidar de hacer conforme a toda la ley que mi siervo Moisés te mandó; no te apartes de ella ni a diestra ni a siniestra, para que seas prosperado en todas las cosas que emprendas. 9Mira que te mando que te esfuerces y seas valiente; no temas ni desmayes, porque Jehová tu Dios estará contigo en dondequiera que vayas.*

---

Dios manda al pueblo de Israel que se esfuercen y en Proverbios manda que se esfuercen que no sean haraganes, perezosos, holgazanes, porque a Dios no le gusta, y si hay algo que a Dios Padre no le gusta es porque no es bueno.

> **Proverbios 24:30 (RVR1960)**
> Pasé junto al campo del hombre perezoso, Y junto a la viña del hombre falto de entendimiento.

Si no hay esfuerzo no hay victoria, ¿quieres victorias continuas?, entonces tiene que haber esfuerzo continuo, sin descuidar de disfrutar de la creación de nuestro Padre Jehová.

Volviendo al punto principal de lo que mi Rey Jesús me habló, volviendo a la ciudad, El me estaba diciendo que para estar listo para Su gran y glorioso regreso, tengo que esforzarme en el aprendizaje de todo lo relacionado con conocer a nuestro Padre Jehová. Si queremos estar listos, sin manchas, sin arrugas y con suficiente aceite en nuestras lámparas para la venida de nuestro Gran Rey Jesús, entonces debemos conocerlo, debemos saber que desea, qué planes tiene, que propósitos tiene, cual es Su visión a corto, mediano y largo plazo; si queremos estar

51

preparados para la gloriosa venida de nuestro Señor Jesús debemos dejarnos guiar por El Espíritu de Sabiduría, porque Ella conoce el corazón y la mente de Dios, Ella nos pondrá al filo del mañana, Ella nos pondrá al día en todo, Ella nos pondrá al borde del precipicio para mantenernos en el frente de la batalla, Ella nos estará actualizando cada segundo de lo que debemos hacer y cómo hacerlo, Ella nos hará saber todo acerca de nuestro Creador, de nuestro Salvador y de nuestro Consolador, solo debemos esforzarnos en buscarla, encontrarla, amarla, respetarla, obedecerla y aprender todo de Ella y atesorar todos sus conocimientos.

El esfuerzo consiste en poner todo de nuestra parte para que el objetivo y el propósito que Jesús nos ha dado se cumpla a cabalidad. El esfuerzo tiene que tener una meta, un destino en el cual se obtendrá algo. El esfuerzo que hace un joven que está en la universidad es porque sabe que al terminar se graduará y recibirá un título con el cual está autorizado a ejercer su profesión, así podrá obtener mejores ingresos económicos para él y su familia, tendrá mejor estatus social, mejor casa, mejor carro, viajes, etc. Y pablo dice a los Filipenses, que si ellos pueden confiar en sus esfuerzos, cuanto más Pablo que su esfuerzo no va enfocado en lo natural sino en lo eterno.

---

**Filipenses 3:3-5 NTV**

Pues los que adoramos por medio del Espíritu de Dios somos los verdaderos circuncisos. Confiamos en lo que Cristo Jesús hizo por nosotros. No depositamos ninguna confianza en esfuerzos humanos 4aunque, si alguien pudiera confiar en sus propios esfuerzos, ese sería yo. De hecho, si otros tienen razones para confiar en sus propios esfuerzos, ¡yo las tengo aún más! 5Fui circuncidado cuando tenía ocho días de vida. Soy un ciudadano de Israel de pura cepa y miembro de la tribu de Benjamín, ¡un verdadero hebreo como no ha habido otro! Fui miembro de los fariseos, quienes exigen la obediencia más estricta a la ley judía.

---

En base a esto vamos al principio donde todo comenzó; Dios hizo al hombre a Su imagen y Semejanza, pero con el pecado entrando en el hombre, esa imagen y esa semejanza desapareció; desde entonces Dios ha querido, desde ese punto, volver a restaurar Su imagen y Su semejanza con Él, por eso mando a Su hijo Jesús a morir por nosotros para volver a tener acceso a esa imagen y semejanza, esa es la iglesia sin mancha y sin arruga, con las lámparas llenas de aceite. Al morir Jesús y darnos salvación tenemos nuevamente la posibilidad de tener esa imagen y semejanza, pero para que suceda debemos esforzarnos; ¿Por qué al morir Jesús no se nos dio esa imagen y semejanza de una sola vez?, porque debemos ganárnoslo, Jesús abrió la puerta, pero nosotros debemos cruzarla, debemos demostrar que queremos volver a ser como nuestro Padre Creador a Su imagen y semejanza.

**Génesis 1:26-27 (RVR1960)**
Entonces dijo Dios: Hagamos al hombre a nuestra imagen, conforme a nuestra semejanza; y señoree en los peces del mar, en las aves de los cielos, en las bestias, en toda la tierra, y en todo animal que se arrastra sobre la tierra. 27 Y creó Dios al hombre a su imagen, a imagen de Dios lo creó; varón y hembra los creó.

Cuando ponemos nuestra fe en la fe de Jesús, entonces estamos yendo por el camino correcto, ya que Jesús siendo la fuente inagotable y por la fe puesta en Él recibimos milagros de todo tipo, porque no confiamos en nosotros ni en nuestros esfuerzos, sino en Él, que tiene el poder para hacerlo.

Entonces nuestro esfuerzo debe estar en la dirección correcta; el esfuerzo de los estudiantes esta en lo natural porque confían que al finalizar sus estudios podrán vivir mejor, osea que su esfuerzo natural está fundamentado en una recompensa natural, pero nuestro esfuerzo natural debe estar fundamentado en lo sobrenatural, por lo tanto si nuestra fe esta puesta en la fe de Jesús, ahora nuestro esfuerzo tendrá que estar en el esfuerzo del Espíritu Santo de Dios; ¿pero porque no en Jesús?, porque Jesús ya hizo Su parte como hijo de Dios, ahora le toca Su parte al Espíritu Santo de Dios al quedarse con nosotros después que Jesús murió y resucito de los muertos. El Espíritu Santo del Dios Viviente, nuestro Padre Celestial es quien nos volverá a dar esa imagen y semejanza que se perdió, Dios Padre desea que volvamos a estar con Él como lo fue en el principio, entonces, este es el medio, este es el camino para poder caminar con Dios Padre aquí en la tierra.

S. Mateo 6:9-10 RVR1960

Vosotros, pues, oraréis así: Padre nuestro que estás en los cielos, santificado sea tu nombre. Venga tu reino. Hágase tu voluntad, como en el cielo, así también en la tierra.

Hágase tu voluntad, como en el cielo, así también en la tierra... abarca mucho más de lo que hemos pensado o estudiado.

Nuestro esfuerzo consiste en tomar compromisos para orar, para alabar, para leer la palabra y para ponerla en práctica, todo eso necesita _tiempo_ porque debemos _aprender_ así como en la universidad para que logremos el objetivo sobrenatural.

El Espíritu de sabiduría nos dará todo el conocimiento para que nuestro esfuerzo lo pongamos en el esfuerzo del Espíritu santo del Dios Viviente y recibamos Su imagen y semejanza ya que es el enlace para que brillemos como lo fue en el principio.

## Éxodo 33:20-23 RVR1960

*Dijo más: No podrás ver mi rostro; porque no me verá hombre, y vivirá. 21Y dijo aún Jehová: He aquí un lugar junto a mí, y tú estarás sobre la peña; 22y cuando pase mi gloria, yo te pondré en una hendidura de la peña, y te cubriré con mi mano hasta que haya pasado. 23Después apartaré mi mano, y verás mis espaldas; mas no se verá mi rostro.*

Cuando Moisés quiso ver –conocer– a Dios y solo vio Su espalda pasar, quedo iluminado varios días al punto que tenía que usar velo ya que brillaba como un foco encendido, como una lámpara con el poder de nuestro Padre Celestial. Dios Padre desea que volvamos a brillar, que estemos y caminemos con Él aquí en la tierra, así como caminó Enoc, Elías y Moisés con Dios y ahora también tenemos la opción de caminar con Dios.

En cuanto sabes y estas consiente que tu esfuerzo va enfocado a obtener la imagen y semejanza de Dios Padre nuevamente, automáticamente introduces tu esfuerzo en el esfuerzo del Espíritu Santo de Dios en conectar nuevamente al hombre con Dios Padre dándonos la imagen y semejanza de nuestro Creador.

Si vamos a brillar en el cielo, pues brillemos también en la tierra!!!

# CAPITULO IX

## LLENOS EN JESÚS

*Filipenses 1:9-11 NTV*
Le pido a Dios que el amor de ustedes desborde cada vez más y que sigan creciendo en conocimiento y entendimiento. 10Quiero que entiendan lo que realmente importa, a fin de que lleven una vida pura e intachable hasta el día que Cristo vuelva. 11Que estén siempre llenos del fruto de la salvación —es decir, el carácter justo que Jesucristo produce en su vida— porque esto traerá mucha gloria y alabanza a Dios.

*El Espíritu de sabiduría nos hará crecer en conocimiento y entendimiento para que veamos lo que importa, que es lo que Dios Padre quiere, que alcancemos Su imagen y semejanza en esta tierra.*

---

**Filipenses 1:15-16 NTV**
*Es cierto que algunos predican acerca de Cristo por celos y rivalidad, pero otros lo hacen con intenciones puras. 16Estos últimos predican porque me aman, pues saben que fui designado para defender la Buena Noticia.*

---

*De alguna u otra forma vamos a recibir críticas, aun viendo el poder de Dios Padre manifestarse y recibiremos esas críticas del mismo pueblo de Dios que no se esforzó por lograr el objetivo, el propósito de nuestro Padre Jehová.*

---

**Filipenses 1:18-19 NTV**
*Pero eso no importa; sean falsas o genuinas sus intenciones, el mensaje acerca de Cristo se predica de todas maneras, de modo que me gozo. Y seguiré gozándome 19porque sé que la oración de ustedes y la*

ayuda del Espíritu de Jesucristo darán como resultado mi libertad.

Pero siempre Dios nos respaldará, porque lo que buscamos es cumplir con el propósito que se nos ha revelado.

**Filipenses 1:24-25 NTV**
Pero por el bien de ustedes, es mejor que siga viviendo. 25 Al estar consciente de esto, estoy convencido de que seguiré con vida para continuar ayudándolos a todos ustedes a crecer y a experimentar la alegría de su fe.

Este propósito que se nos ha revelado tiene más en juego y es ayudar a otros a que puedan cumplir también con este propósito de nuestro Padre Jehová.

**Filipenses 1:27 NTV**
Sobre todo, deben vivir como ciudadanos del cielo, comportándose de un modo digno de la Buena Noticia acerca de Cristo. Entonces, sea que vuelva a verlos o solamente tenga noticias de ustedes, sabré que están firmes y unidos en un mismo espíritu y propósito, luchando juntos por la fe, es decir, la Buena Noticia.

> **Filipenses 3:20 NTV**
> En cambio, nosotros somos ciudadanos del cielo, donde vive el Señor Jesucristo; y esperamos con mucho anhelo que él regrese como nuestro Salvador.

Nosotros no somos de esta tierra, desde que recibimos a Jesús como nuestro Salvador, también nos hizo parte de Su reino, si sabemos que somos ciudadanos del cielo debemos vivir como tal aquí en la tierra y eso es lo que Dios Padre desea que hagamos y debemos esforzarnos para cumplir con su deseo, sufrir=esforzarse.

> **Filipenses 1:29 NTV**
> Pues a ustedes se les dio no solo el privilegio de confiar en Cristo sino también el privilegio de sufrir por él.

# CAPÍTULO X

## TENGAMOS LA MISMA ACTITUD QUE TUVO CRISTO

**Filipenses 2:5, 8 NTV**
Tengan la misma actitud que tuvo Cristo Jesús. 8se humilló a sí mismo en obediencia a Dios y murió en una cruz como morían los criminales.

*S*i nos esforzamos, tengamos por seguro que lograremos el objetivo que es la imagen y semejanza de Dios; pero ese objetivo no nos hace mayores ni mejores que los demás, sino que nos hace servidores, porque podemos dar lo que tenemos, oro, plata, salud, sanidad, milagros.

*El esfuerzo nos llevara mas allá de lo que podemos imaginar.*

---

**Filipenses 2:12 NTV**
*Queridos amigos, siempre siguieron mis instrucciones cuando estaba con ustedes; y ahora que estoy lejos, es aún más importante que lo hagan. Esfuércense por demostrar los resultados de su salvación obedeciendo a Dios con profunda reverencia y temor.*

---

*Vamos a brillar con la luz gloriosa de nuestro Padre Celestial.*

---

**Filipenses 2:14-15 NTV**
*Hagan todo sin quejarse y sin discutir, 15para que nadie pueda criticarlos. Lleven una vida limpia e inocente como corresponde a hijos de Dios y brillen como luces radiantes en un mundo lleno de gente perversa y corrupta.*

---

Vamos en camino a conocer los milagros, verlos y vivirlos en primera línea, veremos, oiremos, palparemos, respiraremos y degustaremos de la atmosfera creadora de nuestro Padre Celestial.

---

### Filipenses 3:10-16 NTV

Quiero conocer a Cristo y experimentar el gran poder que lo levantó de los muertos. ¡Quiero sufrir con él y participar de su muerte, 11para poder experimentar, de una u otra manera, la resurrección de los muertos! 12No quiero decir que ya haya logrado estas cosas ni que ya haya alcanzado la perfección; pero sigo adelante a fin de hacer mía esa perfección para la cual Cristo Jesús primeramente me hizo suyo. 13No, amados hermanos, no lo he logrado, pero me concentro únicamente en esto: olvido el pasado y fijo la mirada en lo que tengo por delante, y así 14avanzo hasta llegar al final de la carrera para recibir el premio celestial al cual Dios nos llama por medio de Cristo Jesús. 15Que todos los que son espiritualmente maduros estén de acuerdo en estas cosas. Si ustedes difieren en algún punto, estoy seguro de que Dios se lo hará entender; 16pero debemos aferrarnos al avance que ya hemos logrado.

Si estás dispuesto a caminar y esforzarte por lograr este objetivo que está dentro de la salvación en Cristo, entonces, debemos dejar que El Espíritu de Sabiduría, nos alinee con El Espíritu Santo de Dios y Su esfuerzo en que a través de Cristo logremos tener nuevamente Su imagen y semejanza y luego cuando Cristo regrese por nosotros se encargara del siguiente paso.

---

**Filipenses 3:21 NTV**
Él tomará nuestro débil cuerpo mortal y lo transformará en un cuerpo glorioso, igual al de él. Lo hará valiéndose del mismo poder con el que pondrá todas las cosas bajo su dominio.

---

**Filipenses 4:9 NTV**
No dejen de poner en práctica todo lo que aprendieron y recibieron de mí, todo lo que oyeron de mis labios y vieron que hice. Entonces el Dios de paz estará con ustedes.

# CAPITULO XI

## EL PERDON

> **Colosenses 3:13 NTV**
> Sean comprensivos con las faltas de los demás y perdonen a todo el que los ofenda. Recuerden que el Señor los perdonó a ustedes, así que ustedes deben perdonar a otros.

A través de Cristo nuestro Rey recibimos una vida nueva cuando nos arrepentimos de nuestros pecados y confesamos a Cristo como nuestro Salvador, y por ello recibimos el perdón de nuestro Padre Jehová, al dar ese paso de confianza de nuestra parte, Dios también nos da ese perdón que tiene preparado desde que nuestro Rey Jesús murió en la cruz por todos nosotros.

Ahora bien, aun estando dentro del perdón de nuestro Padre Celestial –para perdón por nuestros pecados- aun así podemos carecer nosotros de perdón hacia nuestros semejantes.

Recordemos esto: que todo lo que estamos aprendiendo va encaminado a que recibamos la imagen y semejanza de nuestro Padre Jehová.

Entonces recordemos lo que dijo nuestro Rey Jesús:

---

**Lucas 11:4 NTV**
Y perdónanos nuestros pecados, así como nosotros perdonamos a los que pecan contra nosotros. Y no permitas que cedamos ante la tentación.

---

Entendamos esto, perdonar a otros, no es para recibir bendiciones, no es para que Dios responda a algo que le hemos pedido.

Perdonar a nuestros ofensores es: soltar el peso de algo que nos estorba, botar algo inútil que ocupa un espacio en nosotros, es limpiar un área en nuestro interior para poner algo especial.

Siendo así, perdonar es hacer espacio dentro de nosotros para que sea ocupado por la imagen y semejanza de nuestro Padre Celestial que es Su Luz, y esa Luz tiene presencia, es decir, que esa Luz es como una persona que necesita espacio para establecerse dentro de nosotros.

Entonces, si perdonamos a nuestros ofensores y hacemos espacio a la luz de Dios, dice que Él perdonará nuestras ofensas también, es decir, que Dios borrará y no se acordara más de lo que hicimos. Entonces, si tenemos el espacio y Él tiene Su luz para ocupar ese espacio y nos la dá, y llena en nosotros ese espacio con Su luz que es Su imagen y semejanza, entonces estaríamos completos.

Tú podrías decir, así como lo dije yo: "pero ya perdoné, siento que todo está bien, no siento ni recuerdo a quien más podría perdonar". El Espíritu de Dios te recordará que perdones al amor que te engañó, que perdones a tus padres que en algún momento dijeron algo que te ofendió y te lastimó, que perdones a tus amigos que no estuvieron contigo en los momentos más difíciles de tu vida, que perdones a alguien que te hizo o dijo algo pero que no le diste importancia pero aun así sin darte cuenta eso impactó de alguna manera tu vida y sigue ahí sin que te des cuenta y te es sumamente necesario que perdones; deja ir todo eso, deja ir todo el pasado, perdona y se libre para llevar en ti la luz de Dios que es Su imagen y semejanza.

Repite esta oración las veces que sea necesario, hasta que te muestre en donde y a quien te falta perdonar, o sino también te dirá, "todo está bien", repite conmigo:

"Espíritu Santo, vengo a ti en el nombre de Jesús a pedirte de todo mi corazón que me muestres, que me enseñes, que me digas, que me guíes donde me falta perdonar, a quien me falta perdonar, necesito *perdonar para alcanzar la meta que Dios Padre me ha puesto, Amen".*

*En el Génesis vemos a José y todo lo que padeció, en el capítulo 45:1-15, vemos que José estuvo completo hasta que perdonó a sus hermanos, entonces pudo vivir en paz con su Dios, con su familia y con el mismo.*

---

**Proverbios 27:21 NTV**
*El fuego prueba la pureza del oro y de la plata, pero la persona es probada por las alabanzas que recibe.*

---

*El perdón hace que el hombre se engrandezca, es decir, que lo alaben, que le den el valor así como se le dá el valor al oro y a la plata. Cuando perdonas a todo el que te rodea, entonces podrás honrarlo – engrandecerlo- y luego todo lo que has honrado – engrandecido- se te devolverá en honra y te bendecirán, te alabaran por cuanto has sido generoso con los que perdonaste.*

*No vayas a satanizar la palabra alabar o engrandecer cuando te diriges a una persona, porque ciertamente que el que es guiado por La Sabiduria de*

Dios entenderá que esos términos son los indicados para hacernos ver lo que es lo verdadero y correcto.

## Honrar = engrandecer = alabar

Entonces se dirá de ti: "que buen hijo tengo", "que excelente esposa tiene usted", "que gran esposo tiene usted", "que bien ha hecho su hija con usted", "mi amigo es el mejor de todos", "mi amiga me ha ayudado tanto y la bendigo por eso".

No solo hablaran bien de ti, sino que te defenderán, también te apoyarán y hasta te darán la mano cuando lo necesites.

El perdonar te acerca más a Dios y a los que te rodean, ya que las relaciones humanas son necesarias para disfrutar de la vida que Dios nos dio.

# CAPÍTULO XII

## SEÑALES MILAGROSAS

**Hechos 4:16 NTV**
¿Qué debemos hacer con estos hombres? —se preguntaban unos a otros—. No podemos negar que han hecho una señal milagrosa, y todos en Jerusalén ya lo saben.

¿Qué son milagros?, son fuerzas que se materializan en un lugar determinado y ese puede ser un cuerpo, no ocurren con regularidad y que es hecho por el fuego de Dios.

¿Qué son señales?, son tiempos o movimientos de un tiempo natural determinado en el cual Dios ha querido manifestar Su voluntad.

Sabiendo esto, Dios ha manifestado Su voluntad durante muchos siglos, enviando a la tierra señales que dan a conocer al hombre lo que Dios Padre en Su sola y perfecta voluntad desea dar a conocer, desea hacer o ya ha hecho.

Ejemplo de esas señales: la zarza ardiendo en el monte Horeb, el arcoíris en el cielo después del diluvio, la repartición de idiomas después de la caída de la torre de Babel, la columna de nube que y la columna de fuego que guiaba al pueblo de Israel, las plagas de Egipto, el hacha flotando por Eliseo, el maná en el desierto, la piedra en la onda de David que mató al gigante, el pelo de Sansón, Pedro caminando sobre el agua, Jesús sanando ciegos, paralíticos, mudos, sordos, liberando cuerpos, muriendo en una cruz por voluntad propia, resucitando de entre los muertos, etc.

Las señales milagrosas de Dios Padre han estado con nosotros desde el principio de los tiempos y en este tiempo Dios desea seguir haciéndolo, desea que volvamos a portar Su imagen y semejanza y eso significa ser usados por Dios para que Él manifieste Su poder y voluntad.

---

**Juan 14:12-14 NTV**

Les digo la verdad, todo el que crea en mí hará las mismas obras que yo he hecho y aún mayores, porque voy a estar con el Padre. 13Pueden pedir cualquier cosa en mi nombre, y yo la haré, para que el Hijo le dé gloria al Padre. 14Es cierto, pídanme cualquier cosa en mi nombre, ¡y yo la haré!

---

Nosotros como hijos de Dios a través de nuestro Señor Jesucristo, podemos optar por vivir una vida asombrosa porque esa es la voluntad del Padre para nosotros.

Cuando mi Rey Jesús camino por esta tierra no dejaba que una sola persona se fuera enferma.

*Mateo 4:24 NTV*

*Las noticias acerca de él corrieron y llegaron tan lejos como Siria, y pronto la gente comenzó a llevarle a todo el que estuviera enfermo. Y él los sanaba a todos, cualquiera fuera la enfermedad o el dolor que tuvieran, o si estaban poseídos por demonios, o eran epilépticos o paralíticos.*

*La razón por la cual no se han visto aun estas señales de poder por parte de nuestro Padre, es porque aun no era el tiempo para que el mundo las viera, pero ahora que estamos entrando en el fin de todos los tiempos, Dios Padre desea que seamos portadores de Su voluntad para con los seres humanos, Dios desea que estemos sanos, libres de toda enfermedad, para ser portadores de la voluntad de nuestro Padre debemos aprender de mi Rey Jesús...*

*En una tarde de oración mi Rey Jesús me dijo: "hijo Mío hoy te cargaré de milagros y vas a declarar y ordenar todo lo que Yo te diga, ¿entendido?", y le dije: "si", entonces me dijo: "ahora vamos a destruir principados, esos son los que están en segundo lugar al mando de todas las autoridades de maldad. Repite* esto: *En el nombre de mi Padre Jehová, en nombre de mi Rey Jesús y de Su Santo Espíritu, ato el principado que tiene autoridad sobre toda enfermedad en el ser humano;* entonces vi que se levantó desde lejos un gigante de unos 100 metros de altura, ya que ahí estaba pero no lo había podido ver porque estaba oculto, y Jesús me dijo: *"ahora repréndelo"*, y así lo hice, luego me dijo: *"ahora destrúyelo con el fuego de Mi Santo Espíritu"*, y dije: "te destruyo con el fuego del Espíritu Santo de Dios", y vi que del cielo se desprendió algo poderoso como un puñado de relámpagos en grandes cantidades que impactaban el cuerpo del gigante hasta que lo deshicieron por completo, luego vi muchos cuerpos de seres humanos casi traslucidos o transparentes tirados en el área donde fue destruido el gigante, vi que dentro de esas personas había algo que no era normal, como una sombra dentro de esas personas.

Luego mi Rey Jesús me dijo: *"ahora vuelve a declarar lo mismo sobre el siguiente principado, ata al principado que tiene autoridad sobre las relaciones humanas"*, y en el nombre del Padre, del Hijo y del Espíritu Santo hice lo mismo y cuando lo até se levantó así como el primero porque estaba

77

oculto, lo reprendí y lo destruí con el fuego del Espíritu Santo, y volví a ver que fue destruido por lo que se desprendió del cielo, y volví a ver cuerpos de personas casi transparentes y volví a ver una sombra dentro de ellas.

Luego me volvió a decir mi Rey Jesús: **"ahora has lo mismo con el principado que tiene bajo su dominio toda la economía de la humanidad"**, y volví a hacer lo mismo, y volvió a suceder que después de ser destruido el gigante, aparecían personas en las mismas condiciones que las anteriores, y me volvió a decir por cuarta vez: **"ahora quiero que hagas lo mismo con el principado que tiene bajo su autoridad todas las posesiones materiales y el ambiente que rodea al ser humano"**, y así lo hice y nuevamente cuerpos aparecían al final, luego me dijo mi Rey Jesús: **"esos eran los cuatro principados del enemigo y eran los que ejercían dominio sobre todo lo que afecta al ser humano, dile ahora a Mi Espíritu Santo que tome posesión de esos cuatro territorios"**.

Y así lo hice: "amado Señor Espíritu Santo tome posesión de esos cuatro territorios", y vi El Espíritu de Dios como fuego azul que rápidamente se estableció en todo lugar en donde estaban los cuerpos de los seres humanos, abarcó los cuatro territorios y vi que Jesús me tomo de la mano y nos acercamos y nos paramos enfrente del primer grupo y vi que en cuanto Jesús se hizo presente todas esas sombras que habían dentro de los cuerpos, salieron huyendo y me dijo Jesús: **"esas sombras eran las enfermedades que padecían las personas que estaban bajo el dominio del principado, como ya no hay principado que se oponga esas sombras salen delante de nosotros sin poner resistencia, ahora declara, ordena que se creen, mentes nuevas, espíritus nuevos, piernas nuevas, brazos nuevos, ojos nuevos, dentaduras nuevas, órganos internos nuevos y todo lo que veas que haga falta en ellos, decláralo nuevo"**, y así lo hice, vi muchos cuerpos dañados por causa de esas sombras de enfermedades, vi muchos órganos dañados como que se los había comido un animal y solo había dejado unos pedazos nada mas, cuando ordené que se creara todo eso, ¡así aparecía!, ¡y era poderoso!, era maravilloso poder ver lo que estaba sucediendo en ese lugar, en los cuerpos que estaba ahí, vi como fue creado todo nuevo, cada órgano, cada miembro del cuerpo y aun vi mentes nuevas y

79

espíritus nuevos en personas que padecían de retrasos mentales y en niños que padecían de alguna enfermedad que les impedía razonar.

Cuando terminé de declarar y ordenar todo lo que me dijo, me llevó al segundo grupo, el de las relaciones humanas y volvió a suceder que en cuanto nos hicimos presentes todas esas sombras huyeron y me dijo: "**ahora ordena que vuelva el corazón de los padres a los hijos y de hijos a padres, también ordena que vuelva el corazón de esposos a esposas y viceversa, también el corazón de amigos a amigas y viceversa, también el corazón de pastores a la congregación y viceversa, también el corazón de novias a novios y viceversa, ordena que vuelvan los corazones en perdón, reconciliación, amor y paz**", y así lo hice, y vi que esas personas empezaron a abrazarse, a saludarse, a reírse unos con otros y vi felicidad en ellos.

Luego me llevó al tercer grupo donde estaba el principado del dominio económico y las sombras huyeron de nuevo, y me dijo Jesús: "**ahora declara en esas personas milagros financieros, declara a personas en prosperidad, declara a personas en** riqueza, declara a familias en prosperidad, declara a familia en riqueza", y así lo hice, y ví deudas pagadas y canceladas, ví pagos puntuales, ví personas que se hacían ricas y familias con empresas prosperas y grandes.

Luego me llevó al cuarto grupo donde estaba el dominio de las posesiones materiales y el ambiente que rodea los seres humanos, y las sombras huyeron de nuevo, y me dijo Jesús: "ahora ordena que estas posesiones materiales tengan libertad, fertilidad, multiplicación y ensanchamiento, ordena que en el ambiente haya paz, en el agua, en el viento, en las montañas, en los volcanes y en toda la tierra y el cielo", y así lo hice, y ví como todas las posesiones materiales empezaron a crecer y multiplicarse, ví que terrenos se hacían más grandes, ví casas pequeñas y en mal estado que se transformaron y ahora eran casas enormes y preciosas, ví que volcanes en erupción volvían a dormir, ví tornados gigantescos que se deshacían, ví tsunamis enormes que volvían al mar, ví que todo quedó en completa paz y armonía.

Y me dijo mi Rey Jesús: "*ahora tienes poder sobre el viento, el mar y las montañas. Ahora, ¿qué otro milagro crees que falta hacer?*, inmediatamente vino a mi mente ¡resucitar muertos! Y se lo dije a Jesús, entonces me dijo: "*entonces ordena que esos muertos resuciten a la vida*", y vi una porción de tierra donde habían muertos ya enterrados y me dijo Jesús: "*ordena por nombre y apellido a esos muertos resucitar*", y así lo hice: "en el nombre de Jesús, ordeno que por nombre y apellido, esos muertos, ¡resuciten!, y vi que personas se levantaron de donde estaban enterradas, y Jesús me dijo: "*¿sabes porque no destruimos principados para poder resucitar muertos?*", y yo le dije que no lo sabía, entonces me dijo: "*porque el único que tiene autoridad sobre la vida y la muerte Soy Yo!!!!*", y me gocé en gran manera en mi corazón cuando me dijo eso!!!!.

Me dijo mi Rey Jesús que la razón por la cual ocurren todo tipo de milagros es porque fueron destruidos los principados, y sin oposición de esas fuerzas que tienen autoridad, entonces los espíritus inmundos tienen que huir delante la presencia de Dios, por eso oraba todo el tiempo, para sanar al que estuviese enfermo y liberar a todo el poseído.

Y me dijo Jesús: *"esa es la razón por la que debemos permanecer siempre en oración -comunicación- con nuestro Padre, porque lo que El hace, nosotros también debemos hacer".*

---

**Juan 5:17-23 NTV**

*Pero Jesús respondió: «Mi Padre siempre trabaja, y yo también». 18Entonces los líderes judíos se esforzaron aún más por encontrar una forma de matarlo. Pues no solo violaba el día de descanso sino que, además, decía que Dios era su Padre, con lo cual se hacía igual a Dios. 19Entonces Jesús explicó: «Les digo la verdad, el Hijo no puede hacer nada por su propia cuenta; solo hace lo que ve que el Padre hace. Todo lo que hace el Padre, también lo hace el Hijo, 20pues el Padre ama al Hijo y le muestra todo lo que hace. De hecho, el Padre le mostrará cómo hacer cosas más trascendentes que el sanar a ese hombre. Entonces ustedes quedarán realmente asombrados. 21Pues, así como el Padre da vida a los que resucita de los muertos, también el Hijo da vida a quien él quiere. 22Además, el Padre no juzga a nadie, sino que le ha dado al Hijo autoridad absoluta para juzgar, 23a fin de que todos honren al Hijo así como honran al Padre. El que no honra al Hijo ciertamente tampoco honra al Padre que lo envió.*

Por mucho tiempo vi personas enfermas yéndose de los servicios de "fe y milagros" sin ser sanados por el poder de Dios y me preguntaba porque unos sí y otro no, y los que eran sanados salían de repente de algún lugar, pero nunca vi con mis propios ojos esos milagros realizarse.

Aunque los predicadores no lo quieran aceptar, la verdad es que las personas que si se sanaron es porque tuvieron la suficiente fe como para tomar de la presencia de Dios en la atmosfera, su milagro, lo que digo es: que ahora esa atmosfera creadora de nuestro Padre está a disposición de nosotros para portarla, si somos portadores de esa atmosfera entonces debemos de sanar a todas las personas, por eso Jesús sintió que poder salió de Él cuando la mujer con flujo de sangre lo tocó, por eso los demonios le decían a Jesús, "no nos atormentes déjanos ir", porque Jesús se había cargado en oración de la atmosfera creadora y al destruir los gigantes de principados, cargó esa atmosfera de poder, de autoridad para que todo lo que se necesitara, se creara inmediatamente; por eso Pedro Apóstol de Jesús, cuando pasaba, solo el toque de su sombra sanaba, porque dentro de él estaba esa atmosfera creadora cargada de poder y autoridad.

---

*Hechos 3:4-8 NTV*

*Pedro y Juan lo miraron fijamente, y Pedro le dijo: «¡Míranos!». 5El hombre lisiado los miró ansiosamente, esperando recibir un poco de dinero, 6pero Pedro le dijo: «Yo no tengo plata ni oro para ti, pero te daré lo que tengo. En el nombre de Jesucristo de Nazaret, ¡levántate y camina!. 7Entonces Pedro tomó al hombre lisiado de la mano derecha y lo ayudó a levantarse. Y, mientras lo hacía, al instante los pies y los tobillos del hombre fueron sanados y fortalecidos. 8¡Se levantó de un salto, se puso de pie y comenzó a caminar! Luego entró en el templo con ellos caminando, saltando y alabando a Dios.*

*Hechos 5:15-16 NTV*

*Como resultado del trabajo de los apóstoles, la gente sacaba a los enfermos a las calles en camas y camillas para que la sombra de Pedro cayera sobre algunos de ellos cuando él pasaba. 16Multitudes llegaban desde las aldeas que rodeaban a Jerusalén y llevaban a sus enfermos y a los que estaban poseídos por espíritus malignos, y todos eran sanados.*

Pedro dijo, lo que tengo te doy, y de lo que estoy seguro que estaban llenos era de ese poder y autoridad con que se llenaron en la oración. Lo que Jesús vio hacer al Padre, eso hizo, lo que los apóstoles vieron hacer a Jesús, eso hicieron, y todo a través de la oración de destrucción de principados. Ahora también nosotros podemos hacer lo que vimos hacer a nuestro Rey Jesús.

---

**Juan 14:12 NTV**
Les digo la verdad, todo el que crea en mí hará las mismas obras que yo he hecho y aún mayores, porque voy a estar con el Padre.

---

Me volvió a hablar mi Rey Jesús y me dijo: "el enemigo ha visto que sus principados han sido destruidos y lo que hará es volver a levantar nuevos espíritus para que se ocupen de los lugares de esos principados, por esa razón, a partir de ahora, deberás de destruir diariamente esos principados, no debes de dejar pasar un solo día de todos los días de tu vida, debes destruirlos, ya que de lo contrario dejaran ir su furia en tu contra y la de tu familia y te destruirán; lo mismo sucedió en cierta forma con Job, lo destruyeron en su cuerpo, su familia, su riqueza y todas sus posesiones materiales, menos su vida ya que esa estaba en manos de Dios Padre".

Yo le pregunté a Jesús, ¿Por qué si dejo de hacerlo pierdo tu protección y ellos me destruirían?, y Jesús me dijo: "porque a toda acción hay una reacción, si tiras una piedra y golpeas a alguien, obtendrás una represalia , y eso justamente vas a obtener, por lo tanto el hecho de seguir destruyendo esos principados es para defenderte en la guerra espiritual que se desató desde la caída del enemigo, y ya que nos metimos en esa guerra es necesario seguir tirando a matar porque sino tiras, te van a tirar; quiero que entiendas algo: esos principados que se levantan están situados en regiones, es decir, que en cada país hay 4 principados y todos esos están bajo la autoridad de 4 grandes principados del planeta, que se encargan de ejercer autoridad y dominio en todos los seres humanos, aun en los creyentes, para sacarlos del camino correcto, por lo tanto se debe de orar todos los días y destruir todos los días esos principados porque el enemigo no va querer perder su autoridad sobre algún territorio".

Es necesario que se levanten hombres y mujeres en cada región para que hagamos una guerra unida en contra de esos 4 principados y que veamos a nivel mundial el poder tan asombroso de nuestro Padre Celestial y Jesús venga pronto por nosotros.

Ahora que sabemos lo que Jesús nuestro Rey nos ha revelado para que estemos preparados en estos últimos tiempos, entonces tomemos nuestro rol como ciudadanos del reino de los cielos y pongámonos al frente del ejército de nuestro Padre Celestial y hagamos que se cumpla la palabra de Dios nuestro Señor y que nuestro Rey Jesús venga pronto por nosotros.

Las señales milagrosas nos acercan más a recibir la imagen y semejanza de nuestro Padre Celestial. La tierra está hambrienta y sedienta por ver, sentir, recibir, experimentar el poder creador de nuestro Padre. Si antes creímos sin ver... imagínense, hoy, cuantos más van a creer, viendo manifestarse ese poder con que fuimos creados.

# CAPITULO XIII

## LA CONCIENCIA

**Romanos 9:1 NTV**
Con Cristo de testigo hablo con toda veracidad. Mi conciencia y el Espíritu Santo lo confirman.

**Romanos 2:15 NTV**
Ellos demuestran que tienen la ley de Dios escrita en el corazón, porque su propia conciencia y sus propios pensamientos o los acusan o bien les indican que están haciendo lo correcto.

*L*a conciencia es una herramienta dada por Dios, con la que dotó el alma del hombre, para hacer saber en qué camino lleva su vida.

En primera de Corintios vemos a Pablo hablando mucho sobre la conciencia, tanto de la buena como de la mala, ahora vamos a entender porque la conciencia es sumamente importante para llegar a tener la imagen y semejanza de Dios Padre.

**Proverbios 28:17 NTV**
La conciencia atormentada del asesino lo llevará a la tumba. ¡No lo protejas!

Vemos que la conciencia y sus propios pensamientos los acusan o les indican que están haciendo lo correcto y encontramos que la conciencia es atormentada por llevar una vida que no es agradable a Dios.

En la conciencia está el sentido de saber o el entendimiento de quienes somos, es decir que, los malos saben que son malos, los buenos saben que son buenos y otros no saben que son. Si tú te preguntas ahora ¿A dónde irías si murieras hoy?, unos responderían rápidamente que al cielo, otros dirían rápidamente que al infierno y otros no lo saben. Y muchas personas no saben que responder aun sabiendo que Dios existe, aun sabiendo que Jesús vino a este mundo a morir por todos nosotros.

> **Hechos 23:1 NTV**
> Mirando fijamente al Concilio Supremo, Pablo comenzó: «Hermanos, ¡siempre he vivido ante Dios con la conciencia limpia!».

Espíritu de Sabiduría me dijo: "hay personas que viven sin saber y sin conocer su realidad, es decir, que su conciencia está bloqueada para que vivan una vida simple, carente de un futuro y visión en ese futuro; un hombre casado que busca otra mujer, sea por el motivo que sea, es porque no está consciente de quien es su esposa, no está consciente que tiene hijos los cuales van a sufrir, porque su conciencia ha sido bloqueada por el enemigo. Los que van para el cielo, como los que van para el infierno, están consientes de eso y saben que por la forma en que viven tendrán consecuencias positivas o negativas, pero a los otros que tienen bloqueada la conciencia, no piensan en la consecuencia de sus actos".

Si tú que lees esto eres uno de ellos... ¡En el nombre de Jesús libero tu conciencia ahora!. Eres libre ahora y eres capaz de ver tu futuro y hacia dónde vas y es hora de enmendar tu camino, para que seas de los que van camino al cielo, siguiendo los pasos de nuestro Glorioso Rey Jesús.

Ahora bien descartando las conciencias que estaban bloqueadas, solo nos quedan dos, la conciencia atormentada y la conciencia limpia.

En la conciencia recae el peso de las acciones que cometemos y ese sentir es trasladado al alma del ser humano, si las acciones que realizamos son malas, nuestra conciencia traslada ese entendimiento de que está mal haber hecho eso y que por lo tanto a Dios no le gusta o si hacemos una buena acción, nuestra conciencia traslada al alma ese entendimiento de que a Dios le ha agradado.

---

**1 Timoteo 1:19 NTV**
Aférrate a tu fe en Cristo y mantén limpia tu conciencia. Pues algunas personas desobedecieron a propósito lo que les dictaba su conciencia y, como resultado, su fe naufragó.

---

Sabiendo todo esto, entendemos que de lo que llegue a nuestra conciencia por nuestros actos, va determinar de lo que carguemos al alma o depositemos en el alma y nuestros pensamientos son esenciales para eso, y nuestro enemigo lo sabe, por eso trata de persuadirnos en nuestra mente para que hagamos lo incorrecto, para que el alma vaya por el camino equivocado.

---

**1 Corintios 8:9 NTV**
Pero ustedes deben tener cuidado de que su libertad no haga tropezar a los que tienen una conciencia más débil.

---

Cuando diezmamos, el enemigo nos lanza un dardo a nuestra mente, susurrándonos que no lo hagamos porque el pastor no usa correctamente ese dinero o alguna cosa loca que se le ocurra decirte, así también cuando sientes el deseo de ayudar a alguien y de repente piensas que te ocasionó algún daño o piensas que no se lo merece, piensas alguna u otra locura con tal de no hacer la acción correcta.

> **Romanos 7:25 NTV**
> ¡Gracias a Dios! La respuesta está en Jesucristo nuestro Señor. Así que ya ven: en mi mente de verdad quiero obedecer la ley de Dios, pero a causa de mi naturaleza pecaminosa, soy esclavo del pecado.

En nuestra mente se procesan los pensamientos de hacer el bien, pero el enemigo hace que empecemos a razonar y hallar una razón equivocada a ese pensamiento para que decidamos no hacer lo correcto y así cargar a nuestra alma de lo equivocado.

Para que podamos alcanzar la meta de la imagen y semejanza de nuestro Padre debemos de cargar nuestra mente con la mente de Cristo.

> **1 Corintios 2:16 NTV**
> Pues, «¿Quién puede conocer los pensamientos del Señor? ¿Quién sabe lo suficiente para enseñarle a él?». Pero nosotros entendemos estas cosas porque tenemos la mente de Cristo.

En Su palabra esta lo que debemos hacer ya que en Su palabra esta nuestra vida y a través de ella nos dice lo que es correcto hacer, pero Dios es tan maravilloso que aun nos dá Su ayuda a través de Su Espíritu Santo, quien a su vez en El Espíritu de Sabiduría, nos enseña, nos muestra, nos discierne, nos revela lo que en Su palabra está oculto y que con el pasar de los tiempos humanos necesitamos conocer para estar al día, para estar actualizados con lo que está sucediendo en el ámbito sobrenatural y natural.

> **Tito 1:15 NTV**
> Todo es puro para los de corazón puro. En cambio, para los corruptos e incrédulos nada es puro, porque tienen la mente y la conciencia corrompidas.

Dios desea que tengamos la conciencia limpia y depende de nosotros mantenerla así, debemos entender la magnitud de esto, debemos entender que nuestra eternidad depende de lo que entre en nuestra conciencia y solo nosotros individualmente podemos tomar la decisión de hacer lo correcto, no permitamos que el enemigo nos mine la mente tratando de razonar lo que es correcto hacer, entendamos que sí es correcto según la palabra de nuestro Dios, entonces eso debemos hacer, no le demos tanta vuelta a lo que es correcto y hagámoslo, leamos la palabra en todo momento y pidamos a Sabiduría que nos actualice constantemente, que nos mantenga al día de todo lo que está aconteciendo en el mover espiritual ya que son los últimos tiempos y necesitamos ser la imagen y semejanza de nuestro Creador.

Rechacemos todo pensamiento natural, aceptemos todo pensamiento sobrenatural, rechacemos todo pensamiento de pobreza, de enfermedad, de duda, de incredulidad, rechacemos todo pensamiento de debilidad de que no podemos, de derrota, no es el final de tu vida, no son tus últimas fuerzas como se te ha hecho creer, no son tus últimos intentos.

En el nombre de Jesús se abren tu conciencia y sentidos para ver y entender que tienes nuevos caminos en Dios nuestro Creador, nada se ha terminado, todo lo bueno está por comenzar, aceptemos todo lo imposible.

Nuestro Creador desea que vivamos como en el principio y si no lo estás haciendo es hora de cambiar y combatir, destruir esos pensamientos de derrota para que a nuestra conciencia lleguen pensamientos de bien, de riqueza, de poder, de autoridad en Jesús, y ¡así vivirás!.

# CAPITULO XIV

## LOS NIVELES DE LA PALABRA DE DIOS

**Josué 1:7-9 RVR1960**

Solamente esfuérzate y sé muy valiente, para cuidar de hacer conforme a toda la ley que mi siervo Moisés te mandó; no te apartes de ella ni a diestra ni a siniestra, para que seas prosperado en todas las cosas que emprendas. 8Nunca se apartará de tu boca este libro de la ley, sino que de día y de noche meditarás en él, para que guardes y hagas conforme a todo lo que en él está escrito; porque entonces harás prosperar tu camino, y todo te saldrá bien. 9Mira que te mando que te esfuerces y seas valiente; no temas ni desmayes, porque Jehová tu Dios estará contigo en dondequiera que vayas.

*L*a palabra de Dios es el cuarto y último paso para que la imagen y semejanza de nuestro Padre resplandezca en nosotros. Dios Padre le dice a Josué hacer lo mismo que Él le había enseñado a Moisés y eso era la palabra que Dios le reveló a Moisés y que escribió para que quien siguiere después de Moisés supiera todo lo que Dios había ordenado, pero hay algo que denotar en lo que Dios le dijo a Josué y es que le dijo: **"esfuérzate y se valiente, ¡así podrás obedecer siempre todas las leyes que te dio mi siervo Moisés, no desobedezcas ni una sola de ellas!"**.

Dios le pidió esfuerzo, valentía y obediencia; si nos dijeran que necesitamos esas tres características para ir a una batalla entonces lo entenderíamos rápido, porque para pelear una batalla necesitamos tener esas características.

Pero qué tal si te digo que necesitas esas tres características para conocer la palabra de Dios, ¡SI!, necesitamos esforzarnos, ser valientes y obedecer para poder adentrarnos en lo sobrenatural que está contenido en la palabra de nuestro Dios.

Y para empezar a conocer este nuevo mundo que te aseguro que no conoces te voy a declarar lo siguiente: en el nombre de Jesús te establezco bajo el esfuerzo, bajo la valentía y bajo la obediencia en nuestro Señor Jesús, Amen.

Ahora estas autorizado, Dios lo hizo con Moisés y luego con Josué, porque Moisés murió y tuvo que ser Dios nuevamente el que tuvo que autorizar al siguiente para adentrarse en el conocimiento y revelación de la palabra, Dios me autorizó a mí y ahora me toca autorizarte a ti, para que conozcamos las profundidades de la palabra de nuestro Padre.

Ahora bien entendamos primeramente que la palabra de Dios es una dimensión que está contenida en un libro, en una hojas de papel, pero que si entramos en ellas descubriremos un lugar sobrenatural.

> **Juan 1:4 NTV**
> La Palabra le dio vida a todo lo creado, y su vida trajo luz a todos.

El Espíritu de Sabiduría me dijo: "la palabra de Dios es como una casa, si la vemos de afuera, veremos sus *ventanas, sus puertas, su techo, sus paredes, sus colores y aun podremos ver hasta algunos árboles a su alrededor, y eso es o representa los que la leen y hacen literalmente lo que ahí está escrito; esta también los que van al interior de la casa y pueden ver sus paredes internas, sus colores, sus muebles, algunas cortinas y hasta algunas alfombras, y esos son los que leen la palabra, la analizan, tratan de sacar el significado de sus palabras y hacen lo que lograron entender; ahora ya pudiésemos decir que ya conocemos la casa por fuera y por dentro y puedo describirla muy bien, pero como conocer los fundamentos, como conocer el sistema o la forma en cómo fue construida, como saber donde están ubicadas las instalaciones eléctricas e hidráulicas, como saber cómo fue construida y poder ver lo que no está a simple vista; naturalmente podemos conocer esas cosas a través de planos arquitectónicos, pero en la palabra de nuestro Padre ¿cómo podemos profundizar y llegar a ver todo lo que está oculto y en lo profundo?, solo por medio de Mí (Espíritu de Sabiduría).*

Definitivamente solo por medio del Espíritu de Sabiduría que nos enseñará, mostrará y guiará por esa dimensión llena de lo sobrenatural en la cual necesitamos esforzarnos, ser valientes y obedientes para que dentro de esa dimensión nos llenemos y entendamos del acontecer sobrenatural que está sacudiendo los cielos y la tierra.

> **Hebreos 4:12 NTV**
> Pues la palabra de Dios es viva y poderosa. Es más cortante que cualquier espada de dos filos; penetra entre el alma y el espíritu, entre la articulación y la médula del hueso. Deja al descubierto nuestros pensamientos y deseos más íntimos.

Ahora que sabemos que la palabra de Dios es una dimensión, un lugar, el cual necesitamos conocer y para conocerlo es necesario estar ahí, entonces agarremos nuestro esfuerzo, nuestra valentía y nuestra obediencia y junto a Sabiduría entremos en esta dimensión que nos cambiará la vida totalmente.

# CAPITULO XV

## CRISTO LA DIMENSION DE DONDE FUIMOS SACADOS

*E*spiritu de Sabiduria me llevo en la mente al *limite de este universo y me dijo: "te han enseñado que el universo es infinito, que no tenia limites, pero quiero que veas que en realidad si es limitado, ni con toda la tecnologia que tiene el planeta entero pueden siquiera imaginar los confines de este universo, pero ahora vamos a entrar en esta dimensión la cual es la palabra de Dios Padre, que es*

_Cristo Jesús; ahora conocerás en persona al Espíritu Santo de Dios"._

El sentir era como estar parado en medio de dos burbujas y oí una voz, la voz del Espíritu Santo dentro de la burbuja que estaba frente a mí, dentro de esa dimensión en la cual íbamos a entrar y me dijo El Espíritu Santo: **"entren"**, y Sabiduría me tomo de la mano y un velo se abrió para que pudiésemos pasar, pero cuando pasamos vi todo a oscuras, no veía nada.

La voz del Espíritu Santo me dijo: **"dame lo que traes, que es tu esfuerzo, tu valentía y tu obediencia"**, entonces caí de rodillas con un cofrecito en mis manos en donde sabia que estaban esas tres cosas que me pidió y vi en la oscuridad la silueta de una persona, que sabia que era el Espíritu Santo, y tomo ese cofre de mis manos y lo hizo como polvo y lo lanzó a la atmosfera que había ahí y me dijo: **"luego sabrás porque hice eso, ahora me conocerás en persona, ya que solo me habías oído y sentido, abre tus ojos y conóceme!"**.

Inmediatamente sentí que de mis ojos se quitó un como velo y empecé a ver lo que había ahí, pero veía todo borroso y poco a poco fui viendo todo más claramente y vi una persona frente a mi haciéndose más clara y visible, hasta el punto de verlo claramente, vi una gran llama de fuego azul intenso y dentro de esa llama una persona más alta que yo – más de 1.80- pero no podía ver su rostro debido al gran resplandor que emanaba de Él.

En seguida Él me abrazó y me dio la bienvenida y sentí como su fuego me envolvió, no me hacía daño, sino que me infundía confianza y me dijo: **"eres el primero en estar aquí"**, me dio la vuelta y vi un jardín boscoso precioso y me dijo: **"este es el jardín del Edén, en donde se creó todo, aquí anduvo Adán y su mujer"**, y yo le dije: osea que no fue en el planeta tierra y me dijo: **"no, cuando leíste en el Génesis que Dios descendía al huerto a pasear con Adán, no era que salía de Su trono y entraba en tu universo, sino que salía de Su trono, de Su palacio y venía hasta aquí"**.

Salmos 103:19 (NTV)
El Señor ha hecho de los cielos su trono, desde allí gobierna todo.

*Entonces alcé mi vista un poco y vi a una distancia súper lejana un palacio hermoso como de cristal y vi hasta donde estábamos en el jardín y me dijo:* **"desde ahí venía hasta aquí, porque como ya viste el universo es limitado, Yo no puedo entrar en ese universo porque lo destruiría, es tan grande Mi poder que destruiría todo ese universo y para que entiendan fueron creados los astros en el cielo; si tu vas al sol serías destruido por el poder que emana de él y si el sol se acerca a la tierra la destruiría inmediatamente, así mismo Yo, tengo que habitar en Jesús que es infinito y que es la dimensión en la que estamos y Jesús a su vez esta dentro del Padre, entonces lo único que reciben tu planeta del sol es la luz que emana de él y por eso pueden sentir su calor, así mismo, el poder que emana de Mí es tan inmenso que lo que pueden sentir en el planeta es eso, Mi poder, que llega hasta ustedes y lo sienten cuando oran, alaban y viven para agradar a Dios".*

*Entonces pensé y cuando Jesús fue bautizado, ¿que descendió sobre El?*

*Y me respondió rápidamente:* **"todo este lugar es Jesús, siendo ilimitado se tuvo que meter dentro de** un cuerpo limitado, para poder abrir camino nuevamente al Padre, pero Yo me quedé aquí por la razón que ya te dije, entonces la paloma que descendió sobre Jesús, las lenguas de fuego sobre los apóstoles, el rostro brillante de Moisés en el monte, el carro de fuego que arrebató a Elías, no fui Yo directamente, sino, Mi <u>Espíritu de Adoración</u>, el cual te presentaré ahora mismo".

Y vi que apareció frente a mí una llama de fuego rojo intenso y dentro de esa llama pude ver una persona la cual no pude distinguir claramente por el poder que emanaba de él, pero me habló, me abrazó y me dio la bienvenida.

Entonces me dijo El Espíritu Santo: "El Espíritu de Sabiduría y El Espíritu de Adoración son parte de Mí y son como mis dos brazos a través de los cuales llego a todo lugar existente y Mi Espíritu de Adoración llegará a ti a través de tu mente que es ilimitada dentro de esta dimensión, así se hará presente dentro de ti en la tierra y entonces sucederán milagros, señales y maravillas como las que Jesús hizo en la tierra y aun mas, y la luz de la imagen y semejanza del Dios Viviente brillará en ti y en todos los que vienen detrás de tí, por eso tu mente ilimitada puede estar delante de Mí, tu mente es un puente, es como una cuerda que está amarrada en un punto y en el otro extremo está aquí, osea que tu mente está amarrada a tu espíritu y el otro extremo de ella está amarrada aquí en esta dimensión. Por el momento es tiempo que vuelvas a tu conciencia y vivas y sigas haciendo lo que se te ha encomendado".

Dentro de mi habia una fuerza que no queria salir de ahí y me dijo El Espiritu de Dios: "no te preocupes porque tu mente se queda aquí, ella seguirá viendo, sintiendo, experimentando y reconociendo el lugar y eso te irá transmitiendo a tí, ahora abre tus ojos que después seguiremos el recorrido en este lugar.

# CAPITULO XVI

## EL IMPACTO

Después de abrir mis ojos, me levante ya que estaba de rodillas, me empecé a sentir mareado y me dijo El Espíritu Santo que me sentara sino me iba a caer y así lo hice, pero como sentí que no se me quitaba fui a hacer unas cosas en mi casa, esto fue como a las 4 de la tarde.

Ya a las 5:30 pm era tan grande el mareo que tenía que ya no podía estar en pie y me fui a acostar y sentía que todo el mundo me daba vueltas en la cabeza, no podía siquiera moverme, estaba inmóvil, no podía abrir mis ojos me sentía terrible, en la boca de mi estomago sentia que tenia una llama de fuego ardiendo que quemaba la boca de mi estomago, eran momentos tan impactantes en mi vida que yo sentia que me moria, sentia angustia, desesperación, aflicción, dolor, y más que todo frustración porque sentia dentro de mi que nada de lo que hiciera podia aliviar o quitar ese sufrimiento en el que me encontraba.

A las 7 pm me hablo El Espíritu Santo y me dijo: "lo que sientes es el impacto pero no de haber visto lo que te he mostrado, sino, el impacto de haberme visto en persona, frente a frente, cara a cara, no es poca cosa tenerme frente a ti, tu mente no percibió el impacto de mi poder porque es ilimitada, pero ese impacto lo trasladó en cierta medida hasta tu espíritu, hasta tu alma y hasta tu cuerpo, este impacto que sientes es necesario que lo vivas ya que solo así te fortalecerás y podrás seguir recibiendo lo que tu mente experimente en este lugar, para esto es que se te pidió valentía, para poder soportar este impacto tremendo, hasta las 9pm se te empezará a disminuir".

Durante todo ese tiempo solo escuchaba que me decía *"se valiente, se valiente, se valiente"*, porque dentro de mi ya no quería seguir sintiendo ese terrible proceso que me afligía en gran manera y dentro de mi escuchaba a mi espíritu que decía: "que dura es Tu palabra Señor, que dura es Tu palabra Señor, que dura es Tu palabra Señor".

S. Lucas 22:42-43 RVR1960
Diciendo: Padre, si quieres, pasa de mi esta copa; pero no se haga mi voluntad, sino la tuya. 43 Y se le apareció un ángel del cielo para fortalecerle.

Cuando se llegaron las 9pm yo sentía que cada minuto era eterno y sentía que estaba por dejar este mundo, sentía que me moría, sentía que se me desprendía el cerebro de la cabeza y que se me desprendía el estomago del cuerpo y me dijo El Espíritu Santo de Dios: **"ahora levántate de tu cama"**, y le respondí que no podia hacerlo, entonces le dijo a Su Espíritu de Adoración que me ayudara y sentí como me agarró y me levantó, me sentó en la orilla de mi cama y me dijo El Espíritu Santo: **"cubre tu cabeza y tu cuerpo con la sabana"** y el Espíritu de Fuego me ayudó y me envolvió entonces me dijo nuevamente El Espíritu Santo: *"dentro de media hora se te quitará todo lo que sientes, ahora se valiente ya que falta poco, ya es lo último, no te he dejado solo, aquí estoy contigo, se valiente"*, entonces empecé a sentir que los huesos de mis brazos se partían en miles de pedazos y una electricidad tremenda me estremecía los huesos, estaba totalmente petrificado, no me podía mover y solo lloraba y temblaba por todo lo que estaba sufriendo, esa media hora parecía una eternidad.

Justo llegando las 9:30 pm empecé a sentir que lo mareado se fue desvaneciendo y el fuego en la boca de mi estomago empezó a desaparecer y por fin empecé a sentir alivio poco a poco y me dijo El Espíritu Santo: *"ya paso hijo mío, ya paso"*, y así fue desapareciendo todo lo que sentía, hasta el punto de llegar a las 11 pm que fue cuando ya me pude mover y levantar de mi cama, fueron las 7 horas de mi vida más espeluznantes, mas angustiosas, más terribles, estaba tan asustado por lo que había vivido que le pedía al Señor jamás volver a sentir eso.

## Hechos 9:4-9 RVR1960

Y cayendo en tierra, oyó una voz que le decía: Saulo, Saulo, ¿por qué me persigues? 5Él dijo: ¿Quién eres, Señor? Y le dijo: Yo soy Jesús, a quien tú persigues; dura cosa te es dar coces contra el aguijón. 6Él, temblando y temeroso, dijo: Señor, ¿qué quieres que yo haga? Y el Señor le dijo: Levántate y entra en la ciudad, y se te dirá lo que debes hacer. 7Y los hombres que iban con Saulo se pararon atónitos, oyendo a la verdad la voz, más sin ver a nadie. 8Entonces Saulo se levantó de tierra, y abriendo los ojos, no veía a nadie; así que, llevándole por la mano, le metieron en Damasco, 9donde estuvo tres días sin ver, y no comió ni bebió.

Me dijo El Espíritu Santo: **"esto que has experimentado solo es una vez, no lo volverás a experimentar, pero los estragos que esto causo en ti, los sentirás un par de días más".**

Así fue como fui a dormir con un descanso tan grande y a la vez temor santo y lo único que escuchaba dentro de mi cabeza era "santo, santo, santo", repitiéndose una y otra y otra vez, hasta los sueños que he tenido son diferentes, llenos de poder, en mis oraciones ya no pido nada ya que siempre veo ángeles trabajando alrededor de mi proveyendo, protegiendo, acompañando, es increíble como todo lo que veía ha cambiado de la noche a la mañana, ahora solo me pongo de rodillas y vuelvo a estar en esta dimensión tan gloriosa que no quisiera volver al mundo natural.

# CAPITULO XVII

## CONOCÍ A MI SALVADOR JESÚS

*L*uego de estar en el cielo varios días y llegar todas las tardes por allá me dijo El Espíritu Santo: **"ahora vas a conocer a Jesús tu Salvador"**, entonces vi que en el límite del jardín y de la ciudad santa apareció Jesús como un destello de luz súper fuerte en forma de persona y empezó a caminar hasta donde estábamos con El Espíritu Santo, El Espíritu de Sabiduría y El Espíritu de Adoración.

114

> **Romanos 8:39 (NTV)**
> Ningún poder en las alturas ni en las profundidades, de hecho, nada en toda la creación podrá jamás separarnos del amor de Dios, que está revelado en Cristo Jesús nuestro Señor.

Vi como se acercaba cada vez mas y en cuanto estuvo a una distancia de unos dos metros caí de rodillas y con el rostro en el suelo y lloraba de un gran gozo y mi Rey Jesús me dijo: "**levántate, levántate, quiero que Me veas, quiero que Me conozcas**", y le dije: "papá no me puedo levantar", entonces me dijo: "**levántate porque te es necesario conocerme**", y le volví a decir: "es que no me puedo levantar", porque estaba llorando mucho, entonces sentí que me agarró de mis costados y me levantó y me paró frente a Él y me dio un gran abrazo y me dijo: "**bienvenido hijo amado, no sabes cuánto hemos esperado para tener a nuestra creación nuevamente aquí con nosotros**".

> **1 Timoteo 1:14 (NTV)**
> ¡Oh, qué tan generoso y lleno de gracia fue el Señor! Me llenó de la fe y del amor que provienen de Cristo Jesús.

Y yo sentía muchísimo amor, gozo, paz, plenitud y muchas emociones mas en una cantidad tan elevada que me es imposible expresarlo con palabras, solo viviéndolo personalmente podrían sentir esta experiencia tan pero tan especial, es una experiencia tan personal que cuando lo vivan también sentirán el gran amor de nuestro amado Rey Jesús.

En cuanto me dejó de abrazar vi que mi Rey Jesús era un gigante, yo le llegaba hasta la cintura y eso que mido 1.80 metros de altura y lo veía completamente de pies a cabeza, veía su barba, su cabello, su vestidura, su calzado, sus pies, sus manos, todo.

Cuando me quede detenidamente viendo su rostro, no podía verlo claramente por el resplandor que emanaba de su rostro, todo El es resplandeciente pero en su rostro hay aun mas, es tan grande el poder que emana de Él, es maravilloso y me dijo El Espíritu Santo: *"acaso cuando leíste en la palabra -como poderoso gigante- pensaste que Jesús iba a ser de tu tamaño, no, así es Jesús, este poderoso gigante es tu Salvador"*, era increíble tener a mi Salvador frente a mí, un gozo supremo inexplicable, era algo poderoso.

Mi Rey Jesús me dijo: **"vamos, caminemos"**, entonces se paró a mi lado izquierdo y puso Su mano derecha sobre mi hombro derecho como abrazándome, la mano de mi Rey era enorme, súper grande y vi que en Su mano tenía un hoyo hecho por los clavos y volví a caer de rodillas con mi rostro en tierra llorando y me volvió a decir: **"levántate"**, y le dije: "Señor no puedo levantarme y estar enfrente de ti cuando por mi culpa te hicieron esos hoyos en tus manos, entonces me respondió: **"no te preocupes porque eso ya pasó, y pasó solo una vez, y sufrí mucho, pero solo fue una vez, lo importante es que estoy ahora aquí y aun mas importante es que tú estás conmigo aquí, ahora"**.

> **Filipenses 3:14 (NTV)**
> Avanzo hasta llegar al final de la carrera para recibir el premio celestial al cual Dios nos llama por medio de Cristo Jesús.

Entonces me volvió a decir: **"levántate"**, le dije: "Señor es que aun así no me puedo levantar", me intentaba levantar y no podía por el gran poder y lo intenso de los sentimientos que Jesús me generaba, como estaba con mi rostro frente a sus pies, podía ver que en sus pies no habían hoyos y veía por todos lados y buscaba pero no los veía y me dijo Jesús mi Rey: "*no te preocupes que ahí están*".

---

*Hebreos 12:2 (NTV)*
Esto lo hacemos al fijar la mirada en Jesús, el campeón que inicia y perfecciona nuestra fe. Debido al gozo que le esperaba, Jesús soportó la cruz, sin importarle la vergüenza que esta representaba. Ahora está sentado en el lugar de honor, junto al trono de Dios.

---

Entonces vi que mi Rey Jesús con uno de sus dedos apartó una correa dorada que pasaba por encima de su pie y vi un hoyo muy grande, vi como unió sus dos pies uno encima del otro y me dijo: "**así fue como me pusieron**", y vi como un agujero estaba sobre el otro y pude ver perfectamente los orificios atravesando sus dos pies, y Jesús los volvió a cubrir con las correas de su calzado.

Sentí como me levanto nuevamente y me dijo: "¿quieres que te cargue?, y le dije que no me sentía cansado, pero me dijo: "es que te estoy preguntando si ¿quieres que te cargue?", entonces le dije: "sí, quiero que me cargues", me agarró y me cargo en su lado izquierdo como se carga a un hijo en los brazos y me recosté en su hombro izquierdo y trataba de ver su rostro, pensando que estando más cerca lo podría ver, pero solo veía su sonrisa y me hacía saber con su sonrisa que El sabía que yo trataba de ver su rostro.

Me dijo Mi Rey Jesús: "ni aun así podrás ver mi rostro porque es tal el grado de poder que emana de mi, que te es imposible poder verlo", y yo más me recostaba en El, porque sentía que estaba en el lugar correcto, perfecto, en donde quería estar eternamente, de donde no me quería bajar, ni estar en otro lado que no fuese en sus brazos.

> **Mateo 11:28 (NTV)**
> Luego dijo Jesús: «Vengan a mí todos los que están cansados y llevan cargas pesadas, y yo les daré descanso.

Luego de haber caminado un momento, me bajo y me puso de pie, me dijo entonces: *"hemos preparado un banquete para tí"*, y ví que apareció una mesa grande con dos bancas a sus lados, en el centro de la mesa apareció un gran plato con un racimo de uvas enorme y le pregunte a mi Rey Jesús: *"¿Jesús vas a comer tu también?"*, y me dijo: *"no probaré el fruto de la vid hasta que todos mis hijos estén conmigo"*.

Entonces ví nuevamente la mesa y empezó a aparecer en la mesa muchos platos enormes con todo tipo de frutas y pan, se lleno la mesa y todo se veía altamente delicioso y dijo Jesús: *"sentémonos"*, entonces me levantó y me sentó en medio, Jesús se sentó a mi derecha y El Espíritu Santo a mi izquierda, Sabiduria se sentó en la otra banca junto con Adoración.

---

**Filipenses 3:8 (NTV)**
Así es, todo lo demás no vale nada cuando se le compara con el infinito valor de conocer a Cristo Jesús, mi Señor. Por amor a él, he desechado todo lo demás y lo considero basura a fin de ganar a Cristo.

---

Yo estaba viendo mucho a mi Rey Jesús, apreciándolo totalmente y solo veía su sonrisa y Él sabía que yo quería seguir viendo su rostro, entonces me dijo: "**come**", pero yo no lo hacía por estarlo viendo y me repitió: "**come**", entonces agarró un pan enorme, lo partió y me dio una porción y me dijo: "**come**", y comí, ese pan era tan delicioso, sentía como que lo acababan de sacar del horno, calientito con un aroma increíble, súper bueno con un sabor espectacular.

Entonces me dijo Jesús: "**acaso creías que no había pan aquí, acaso creías que no habían frutos aquí, acaso creías que no iba a disfrutar de todo lo que comí y disfruté en la tierra, come de todo lo que hay aquí**".

Comí de todo y vi a Jesús comer, también comió El Espíritu Santo, Sabiduría y Adoración también comieron.

Fue un gran banquete y una gran experiencia lo que viví en esa dimensión, estoy seguro que tú también podrás hacerlo, estoy seguro que tú también podrás estar cara a cara con nuestro Salvador y disfrutarlo tanto como yo.

Acércate cada día más a nuestro Creador, búscale incansablemente y sigue los pasos que aquí se te han dado para que vivas también estas experiencias sobrenaturales llenas de poder de nuestro Creador.

> **Romanos 10:9 (NTV)**
> Si declaras abiertamente que Jesús es el Señor y crees en tu corazón que Dios lo levantó de los muertos, serás salvo.

# CAPITULO XVIII

## EL LUGAR DONDE SE HACE EL JUICIO EN EL CIELO

En mi estancia en el cielo, siendo Jesús y El Espíritu Santo mis guías, estuve en un lugar muy especial en el cual todos pasaremos, por lo que te pido que lo que estas a punto de leer, lo tomes con respeto y temor santo, ya que es un mensaje para las naciones de parte de nuestro Creador.

En uno de los recorridos diarios que tenemos constantemente, mi Rey Jesús me dijo: **"quiero que** *conozcas un lugar muy especial", y me llevo frente a unas cortinas preciosas que cuando se movían veía que eran plateadas y doradas, hermosas las cortinas y ví que había muchas personas ahí recibiendo a otras personas que entraban por esas cortinas.*

*Luego me tomaron de la mano Jesús y El Espíritu Santo y atravesamos las cortinas, entramos en un cuarto resplandeciente y me dijo Jesús que ahí se le presenta a las personas que entran al cielo, una pantalla para que escojan con qué edad desean vivir eternamente en el cielo, me dijo que todas las personas siempre escogen la mejor etapa de sus vidas para pasar eternamente.*

*Después me dijo Jesús que pasáramos las siguientes cortinas que habían al otro lado del cuarto y en cuanto entramos estábamos en un lugar oscuro pero hermoso, estaba totalmente lleno de estrellas, era como salir una madrugada y ver el cielo totalmente estrellado, no había espacio para una estrella más, a donde mirara era una vista impresionante.*

*Cuando dimos unos pasos hacia adentro de ese lugar, alce un poco mi vista y ví un grupo de ancianos sentados como a cien metros de nosotros que cuando*

124

vieron a Jesús y al Espíritu Santo se pusieron de pie en reverencia a Ellos.

Vi también a un gran ángel parado frente a un atril y el atril medía unos 15 metros de altura y en él había un gran libro dorado en el cual el ángel daba vuelta a todas sus páginas doradas y me dijo Jesús: **"ese es el libro de la vida y ese ser que ves es un arcángel"**, vi que ese arcángel medía unos 20 metros de altura, lo vi perfectamente con sus dos alas preciosas, pude apreciar que sus alas eran de una textura súper suave y al mismo tiempo apreciaba que eran súper fuertes, vi que ese arcángel se puso en una posición firme en reverencia a Jesús y al Espíritu Santo.

> **Salmos 82:1 (NTV)**
> Dios preside la corte de los cielos; pronuncia juicio en medio de los seres celestiales.

Cuando levanté mi vista aun más arriba de donde estaban los ancianos vi un gran trono dorado gigantesco el cual estaba rodeado de fuego y relámpagos que desataban un estruendo enorme.

**Apocalipsis 4:2 (NTV)**
Y al instante, yo estaba en el Espíritu y vi un trono en el cielo y a alguien sentado en él.

Jesús y El Espíritu Santo me agarraron para que no me cayese al suelo por la presencia de mi Creador y se desprendió un gran resplandor del trono y una voz poderosa que dijo: *"BIENVENIDO HIJO"*, y Jesús dijo: *"Gracias Padre"*, luego dijo: *"BIENVENIDO MI ESPÍRITU SANTO"*, y El dijo: *"Gracias Señor"*, y habló por tercera vez diciendo: *"BIENVENIDO JONAS HIJO MÍO, BIENVENIDO A ESTE LUGAR"*, y yo le respondí: *"Gracias padre"*, entonces habló y dijo: *"SIENTENSE"*.

Vi que había un lugar preparado para nosotros tres y nos sentamos, los ancianos se sentaron también y el arcángel volvió a pasar las hojas del libro dorado una a una.

Jesús me dijo: "este lugar es donde se hace el juicio a cada una de las personas que mueren y que me han recibido como su Salvador, ya que si no lo hacen, no tienen entrada a este lugar porque ya han sido condenadas".

> **1 Corintios 3:13 (NTV)**
> Pero el día del juicio, el fuego revelará la clase de obra que cada constructor ha hecho. El fuego mostrará si la obra de alguien tiene algún valor.

Entonces vi frente a nosotros dos puertas gigantescas como de 100 metros de altura, hechas con barrotes de oro, súper bonitas se veían esas puertas, estaba compuesta de dos hojas o piezas que se abrían hacia adentro.

Y Jesús me dijo: **"pon atención, quiero que veas lo que va suceder"**, entonces vi que se abrieron esas puertas preciosas y entró inmediatamente una anciana y se cerraron las puertas. Vi que la anciana empezó a tocarse la cara, los brazos y el cuerpo como buscando algo, y Jesús me dijo: **"está buscándose los tubos y los cables con que la tenían conectada en el hospital donde acaba de morir"**, y vi el aspecto de aquella anciana bastante deplorable y estaba rodeada con una atmosfera de oscuridad.

Entonces se desprendió del trono del Padre un gran resplandor y Su voz llenó todo el lugar y dijo: **"bienvenida Elena"**, y esa mujer cayó de rodillas al escuchar Su voz y empezó a llorar muchísimo, pero lloraba con tristeza, desconsolada, con dolor.

Volvió a hablar el Padre y le dijo: "estas aquí porque minutos antes de morir recibiste a Mi Hijo Jesús como tu Salvador y vas a recibir un juicio justo por eso".

Mateo 12:36 (NTV)
Les digo lo siguiente: el día del juicio, tendrán que dar cuenta de toda palabra inútil que hayan dicho.

Apareció una pantalla gigantesca entre la anciana y los que estábamos enfrente de ella y dijo el Padre: "durante toda tu vida fuiste católica, nunca ayudaste a nadie, ni siquiera a tu familia, ni a tus vecinos, fuiste mala con los animales, cuando te pidieron que ayudaras en algo te negaste a hacer lo bueno, fuiste tacaña y jamás ayudaste al necesitado, al final de tus días recibiste a Mi Hijo Jesús como tu Salvador por los hombres que llegaron a orar por ti en la cama de un hospital".

Amós 6:3 (NTV)
No quieren pensar en el desastre que viene, pero sus acciones solo acercan más el día del juicio.

Vimos toda su vida en esa pantalla gigantesca, todo lo que el Padre estaba diciéndole pasaba por esa pantalla y la mujer lloraba intensamente.

Y dijo el Padre: "**traigan la balanza**".

Entonces vi a dos arcángeles del mismo tamaño que el primero, entre los dos llevaban una balanza enorme dorada, la base de la balanza tenía como 10 metros de largo por 10 metros de ancho y de la base se elevaba un pedestal como de 15 metros de altura, con dos canastas una por cada lado.

Pusieron la balanza frente a la anciana y dijo el Padre: "**pónganla en la balanza**", y vi que los dos enormes arcángeles agarraron a la anciana y la pusieron en el centro de la base de la balanza.

Entonces dijo el Padre: "**como no recibiste a Mi hijo Jesús como tu Salvador desde tu juventud, se pesarán de un lado todas tus acciones negativas y del otro las acciones buenas que tuviste durante toda tu vida**".

> **Proverbios 11:4 (NTV)**
> Las riquezas no servirán para nada en el día del juicio, pero la vida recta puede salvarte de la muerte.

Y vi la mano de Dios Padre, vi Su mano gigantesca ponerse sobre una de las canastas de la balanza y cuando abrió la mano soltó una masa muy grande que era como lodo de color negro y cuando cayó en la canasta inmediatamente bajó de ese lado y se escuchó el sonido que golpeó fuerte ese lado de la balanza.

Luego vi la otra mano de Dios Padre, ponerse sobre la otra canasta de la balanza y cuando se abrió soltó unos granos como de arena de color dorado y eran como tres granos de arena que cayeron y no se movió para nada la balanza de ese lado.

Entonces dijo el Padre: **"por cuanto no recibiste a Mi hijo Jesús como tu Salvador desde tu juventud y no hiciste acciones buenas durante toda tu vida, sino que fuiste mala con todos los que te rodeaban, ¡échenla fuera de este lugar!**, dijo a Sus arcángeles.

> **S. Mateo 22:13 (RVR1960)**
> Entonces el rey dijo a los que servían: Atadle de pies y manos, y echadle en las tinieblas de afuera; allí será el lloro y el crujir de dientes.

Y esa mujer empezó a dar unos gritos desgarradores, lloraba y gritaba desgarradoramente, jamás había escuchado algo así, me sentí altamente conmovido, entonces ví a Jesús y El estaba llorando al ver que una persona más se estaba yendo al infierno, y le dije: "pero porque si cuando te recibimos dice tu palabra que todos nuestros pecados son perdonados", y me dijo Jesús: **"guarda silencio, después te explico"**.

Y ví que los dos arcángeles agarraron a la mujer y se abrieron nuevamente aquellas dos puertas y ví que afuera estaban miles de demonios burlándose y riéndose esperando a esa mujer, ví que los dos arcángeles lanzaron por la puerta a esa mujer que en cuanto pasó por la puerta, fue tomada por los demonios, como cuando muchos perros furiosos toman un pedazo de carne para devorarla, esa mujer gritaba espantosamente y ví a Jesús nuevamente y seguía llorando por esa alma que se había perdido y vi cerrarse aquellas puertas de nuevo.

---

Juan 11:35 (NTV)
Entonces Jesús lloró.

---

Habló el Padre y dijo a Jesús: "explícale, porque sucedió todo esto".

Entonces Jesús me dijo: "cuando una persona me recibe como su Salvador minutos antes de morir, ya no tiene tiempo suficiente para mostrar frutos dignos de arrepentimiento, entonces mueren y entran a este lugar y sus acciones positivas y negativas son pesadas; aquel que murió a mi lado en la tierra, le dije que desde ese momento iba a estar conmigo en mi Reino y fue porque él no tenía un corazón malo, sino que hizo una acción mala y por esa acción mala fue condenado a morir, pero en su vida hizo muchos actos buenos, cuando robó lo hizo por pura necesidad sin hacer daño físico a nadie y por eso sus pecados fueron perdonados, yo sabía que tenía entrada en este lugar porque se arrepintió de sus malas acciones. Pero el que estaba al otro lado no, ese hombre tenía un corazón malo, destructivo, durante toda su vida nunca hizo nada bueno, y aun al final de sus días no se arrepintió de todo lo que hizo".

Juan 19:17-18 NTV
Él, cargando su propia cruz, fue al sitio llamado Lugar de la Calavera (en hebreo, Gólgota). 18Allí lo clavaron en la cruz. También crucificaron a otros dos con él, uno a cada lado, y a Jesús, en medio.

Y vi como ese hombre malo, desde jovencito robaba, mataba y le daba placer hacer eso y peor aun cuando creció, hizo cosas abominables y nunca se arrepintió.

Entonces me dijo Jesús: "cuando en Mi palabra has leído que los borrachos, los adúlteros, los fornicarios y los idólatras no heredarán el Reino de los cielos, es por eso, porque no muestran frutos dignos de arrepentimiento".

Y me mostró borrachos que recibían a Jesús en las iglesias y me dijo: "mira que estos me recibieron en las iglesias y cuando sus nombres fueron escritos en ese libro que ves ahí, no mostraron frutos dignos de arrepentimiento y me recibieron solo por hacerlo, porque si hubiesen dado frutos dignos de arrepentimiento no hubieran seguido de borrachos, de adúlteros, de fornicarios, ni de idólatras y por eso sus nombres fueron borrados, porque se les da un tiempo después que Me reciben como su Salvador para mostrar frutos dignos de arrepentimiento y si no lo hacen son borrados y esas puertas no se van a abrir porque ya no están en ese libro.

Quiero que veas a la siguiente que va entrar, esta me recibió en su corazón desde su juventud y durante toda su vida hizo frutos dignos de arrepentimiento".

Y vi que las puertas se volvieron a abrir, y entró una anciana y esta se quedaba viendo hacia todos lados, como sorprendida, y a diferencia de la anterior, esta tenía una luz en ella súper agradable, se veía sorprendida y a la vez confiada, cuando vió el trono del Padre cayó de rodillas llorando, pero esta lloraba de gozo, se le notaba su felicidad en el rostro y le daba gracias al Padre.

---

1 Juan 4:17 (NTV)
Y al vivir en Dios, nuestro amor crece hasta hacerse perfecto. Por lo tanto, no tendremos temor en el día del juicio, sino que podremos estar ante Dios con confianza, porque vivimos como vivió Jesús en este mundo.

---

Entonces se deprendió aquel resplandor del trono y Su voz se dejo oír nuevamente y dijo: "bienvenida al cielo Nicole", y Jesús me mostro que esa mujer vivió en Estados Unidos, y luego apareció nuevamente esa gran pantalla.

Y dijo el Padre: "**en tu juventud recibiste a Mi hijo Jesús en tu corazón**", y vi que fue como a los 17 años de edad, "**hiciste buenas acciones, te portaste bien, hiciste lo mejor que pudiste haber hecho y por eso es que estas hoy aquí**", y vimos toda su vida en aquella pantalla y todo lo bueno que hizo.

Mandó entonces el Padre a sus dos arcángeles que llevaran nuevamente aquella balanza y la colocaron ahi frente a la mujer.

Explicó nuevamente el Padre que en un lado iban a ser pesadas las acciones buenas y en el otro lado las negativas y vi nuevamente aquella mano gigantesca que se abrió sobre el lado de la balanza donde se deposita lo negativo, y soltó 5 granitos como de arena de color negro e inmediatamente comenzó a bajar aquella balanza perfecta y no había terminado de bajar cuando la otra mano soltó las cosas buenas, y era una gran masa dorada que brillaba y cuando cayó sobre la canasta, de inmediato se inclino al otro lado y se escuchó como ese peso hizo caer hasta abajo ese lado de la balanza.

> **Mateo 7:21 (NTV)**
> No todo el que me llama: "¡Señor, Señor!" entrará en el reino del cielo. Solo entrarán aquellos que verdaderamente hacen la voluntad de mi Padre que está en el cielo.

Entonces dijo el Padre: **"bienvenida a Mi Reino, disfruta de todo lo que está preparado para ti en este lugar"**, y mandó Dios a otro arcángel que la llevara al otro lado, donde estaban las cortinas.

Aquella mujer saltaba de gran gozo y daba gracias al Padre, lloraba y se reía al mismo tiempo, el arcángel la tomó de la mano y la empezó a llevar en dirección a las cortinas, cuando pasaron frente a nosotros como a una distancia de 30 metros, aquella mujer reconoció inmediatamente a Jesús y al Espíritu Santo y les gritaba cuanto los amaba, les daba las gracias por todo y les tiraba besos.

> **Mateo 10:32 (NTV)**
> Todo aquel que me reconozca en público aquí en la tierra también lo reconoceré delante de mi Padre en el cielo.

Jesús y El Espíritu Santo la saludaron también y Jesús le dijo: **"anda, vé, al otro lado nos vemos hija Mía"**.

Esa mujer lloraba, se gozaba muchísimo y el arcángel la llevo hacia las primeras cortinas y entró en aquel cuarto que era de unos 3 metros de largo por 2 metros de ancho y todo ese cuarto brillaba mucho, entonces le fue presentada una pantalla pequeña en la cual habían etapas de su vida, es decir, años de su vida para que escogiera en qué edad quisiera pasar la eternidad en el cielo y ella escogió los 17 años de edad, luego aquella anciana pasó por las segundas cortinas y en cuanto pasó, era una jovencita preciosa y vi que varias personas de su familia la estaban recibiendo, se saludaron y todo era algo increíble.

---

**Marcos 10:15 (NTV)**
Les digo la verdad, el que no reciba el reino de Dios como un niño nunca entrará en él.

---

Luego me dijo Jesús: **"quiero que veas a este bebe que va a entrar"**.

Y se abrieron nuevamente aquellas puertas preciosas y entro un bebe, y en cuanto entro se puso de pie, y se quedaba viendo a todos lados, vi como cambio el aspecto de su rostro, como consiente de todo lo que estaba sucediendo, y en ese momento hablo el Padre y dijo: "**por cuanto moriste como un bebe sin conciencia, en cuanto entraste aqui, tu conciencia fue despertada, fue abierta, por lo tanto puedes conocer absolutamente todo, pero como no tuviste una vida para que fueses juzgado, no vas a ser pesado por cuanto moriste como bebe**", entonces le dijo a Su arcángel: "**llévalo a Mi Reino**", y vi como el arcángel lo tomo de la mano y lo llevó a las cortinas, entro en la habitación y escogió que quería vivir como un adulto joven, vi que escogió 22 años de edad y en cuanto paso por las cortinas era un hombre joven, brillaba con una luz preciosa y vi como su familia lo estaba esperando allí.

Entonces me dijo Jesús: "**es hora de irnos**", y nos levantamos de los asientos, en ese momento se desprendió el resplandor del trono del Padre y dejo oir Su voz, y me dijo: "**Jonás hijo Mío, quiero que escribas y que cuentes a todas las naciones, que mientras tienen vida, que reciban a Mi hijo Jesús** como su Salvador, para que el tiempo que les reste de vida den frutos dignos de arrepentimiento y vivan para su Creador, cuéntales, por eso te He mostrado todo esto, para que les cuentes que necesitan recibir a Mi hijo Jesús mientras tienen vida, diles que no esperen hasta el último instante de sus vidas para recibir a Mi hijo Jesús, porque mira las consecuencias, es bien difícil que entren a Mi Reino si no han hecho cosas positivas durante toda su vida, si no han vivido para su Dios durante toda su vida, si no han recibido a Mi hijo Jesús como su Salvador es bien difícil que entren a este lugar y entonces van a ser lanzados al lago de fuego, diles, diles, que necesitan recibir a Mi hijo Jesús como su Salvador desde su juventud para que vivan para su Creador y así entren y gocen de todo lo que está preparado aquí para todos ellos, diles que reciban a Mi hijo Jesús mientras tengan vida y sean jóvenes para que vivan para su Dios y Creador".

Entonces le dije: "así lo haré Padre", y yo sentía que mi corazón dentro de mí ardía con fuego por estar recibiendo el mensaje en la voz de mi Padre y Creador.

*Hermanos —ustedes, hijos de Abraham, y también ustedes, gentiles temerosos de Dios—, ¡este mensaje de salvación ha sido enviado a nosotros!*

Y tomado de la mano de Jesús y del Espíritu Santo vi como los arcángeles que estaban ahí, se pusieron firmes y los ancianos se pusieron de pie nuevamente y Jesús dijo al Padre: **"Padre con tu permiso"**, y dijo El Espíritu Santo: **"Señor con tu permiso"**, y cuando vi eso dije también: "Padre con tu permiso", y el Padre respondió: **"Adelante"**.

Y así salimos del lugar donde estábamos sentados y nos dirigimos a las cortinas, atravesamos las primeras y las segundas y pasamos al otro lado y Jesús me dijo: **"haz lo que Mi Padre te ha mandado, es necesario que el mundo conozca lo que acontece aquí, es necesario que los niños, los jóvenes, los adultos y los ancianos conozcan lo que sucede aquí, diles que me reciban como su Salvador y que vivan para el Señor su Dios y Creador, que hagan frutos dignos de arrepentimiento y así se gozaran eternamente junto a Mí, cuéntales todo esto!."**

Así fue como seguimos nuestro recorrido en aquel hermoso lugar que nos espera en la eternidad.

---

**1 Corintios 1:18 (NTV)**

¡El mensaje de la cruz es una ridiculez para los que van rumbo a la destrucción! Pero nosotros, que vamos en camino a la salvación, sabemos que es el poder mismo de Dios.

---

# CAPITULO XIX

## PALABRAS DE MI REY JESÚS

Yo el hijo del Dios Viviente, te hago un llamado a que no esperes mas y me reconozcas como El Señor tu Dios, como tu Salvador, reconoce que Yo Soy Dios y que morí por ti y vive para Mí, vive para tu Creador, enseña este mensaje a los que te rodean, atesóralo e instruye a tus hijos, a tus nietos, a tus vecinos y a toda persona que te rodea ya que Yo respaldaré Mi palabra y Mi mensaje que te doy ahora, ¡adelante!, ¡vive para tu Creador!.

# FIN